Kaiser, „Wann ist ein Mann ein Mann?“

Jana Kaiser

„Wann ist ein Mann ein Mann?“

Darstellungen von männlichen Protagonisten in Jugendfilmen des 21. Jahrhunderts

Hartung-Gorre Verlag Konstanz

2021

MenschenArbeit. Freiburger Studien **BAND 41**

Herausgegeben von

Michael N. Ebertz, Werner Nickolai und Martin Becker

Bibliografische Information Der Deutschen Bibliothek

Die Deutsche Nationalbibliothek verzeichnet diese Publikation in der Deutschen

Nationalbibliografie; detaillierte bibliografische Daten sind im Internet

über http://dnb.d-nb.de abrufbar.

Erste Auflage 2021

HARTUNG-GORRE VERLAG KONSTANZ

ISSN 1431 - 3553

ISBN-10: 3-86628-723-2

ISBN-13: 978-3-86628-723-5

Inhaltsverzeichnis

1. Einleitung

Was einen Mann ausmacht, ist nicht nur eine Frage, die sich Jungen auf dem von Orientierungslosigkeit geprägten Weg des Erwachsenwerdens stellen, sie beschäftigt ebenso Fachgebiete wie die Soziologie, die Psychologie, oder die Kulturwissenschaften. „Wann ist ein Mann ein Mann?“ sang Herbert Grönemeyer 1984 in seinem Lied *Männer* und traf damit in Hinblick auf die Thematik von „Männlichkeit“ wie kein anderer Hit den Zeitgeist. Die Frage, die er damals stellte und die doppeldeutigen, teils sarkastischen Thesen, die er durch das Lied zur Diskussion brachte, sind auch heute, beinahe 40 Jahre später, gesellschaftlich noch überraschend aktuell und relevant. Dabei betont er Stereotype wie „Männer sind furchtbar stark“, beschreibt Geschlechternormen durch Phrasen wie „Männer weinen heimlich“ sowie sozialisatorisch relevante Behauptungen wie: „Männer [...] werden als Kind schon auf Mann geeicht“.

Anlass für diese Arbeit war die Auseinandersetzung mit dem historischen Prozess und den Entwicklungen und verschiedenen Strömungen des Feminismus. Nach dem jahrzehntelangen starken Fokus auf die Entwicklungen von Frauen*, stellt sich zunehmend auch die Frage nach den Rollenbildungsprozessen, denen Männer ausgesetzt sind. Im Blick auf Geschlechtergerechtigkeit ist es unerlässlich auch diesen Prozessen Aufmerksamkeit zu schenken da sie einander in höchstem Maße beeinflussen und bedingen. Geschlechtergerechtigkeit soll bedeuten, dass jeder Mensch, unabhängig von seiner sozialen und biologischen Geschlechtsidentität, über gleiche Chancen, Behandlung und Rechte verfügt. Dabei ist zu betonen, dass wenn von Geschlechtsidentität gesprochen wird, eine Auseinandersetzung mit der eigenen Geschlechtlichkeit und Sexualität und keine systematische Anpassung an gesellschaftlich konstruierte und sozialisierte, binäre Geschlechterverhältnisse gemeint ist. Ob Männer aufgrund ihres Geschlechts und institutionalisierter patriarchaler Herrschaftsstrukturen tatsächlich im Leben in dieser Gesellschaft im Vorteil sind? Ob die strikte Trennung etablierter Geschlechterrollen nicht ebenso, wenn auch auf unterschiedliche Art und Weise zum emotionalen Leiden von Männern beiträgt und letztlich auch Männer Opfer des Patriarchats sind, sind Fragen, die sich in Anbetracht von Literatur und Geschichte stellten und zum Verfassen der vorliegenden Arbeit motivierten.

Fortschritte in Richtung Geschlechtergerechtigkeit eröffnen Chancen und fördern Egalität. Gleichzeitig können sie aber auch Druck erzeugen, beispielsweise durch die Wahrnehmung von einigen Frauen, Karriere machen zu müssen und nicht bloß zu können. Viele traditionell festgeschriebene Männerrollen scheinen sich seit Beginn der Frauenbewegung, im Gegensatz zu denen von Frauen*, jedoch kaum verändert zu haben. In verschiedenen Bereichen zeichnen sich allmählich Veränderungen ab, beispielsweise in der Frage nach der Kindererziehung. Hier zeigt die deutsche Politik durch die Förderung der geteilten Elternzeit in Hinblick auf Geschlechtergerechtigkeit erste Fortschritte. Andererseits werden noch immer traditionelle Rollenverteilungen durch längst überholte Regelungen wie das Ehegattensplitting begünstigt.

Die vorliegende Arbeit möchte den Blick auf die Wahrnehmung und Darstellung von Männlichkeiten werfen. Jeff Hearn, Mitbegründer der kritischen Männerforschung sieht sowohl das Patriarchat als auch den Kapitalismus nicht nur als oppressive Systeme gegenüber der Frau*, sondern ebenso gegenüber dem Mann* (Meuser 2010, S. 96). Dieser Gedanke ist für die vorliegende Untersuchung zentral, da sie sich Fragen nach der Bedeutung von Männlichkeit und Weiblichkeit, dem Zusammenhang von biologischem und sozialem Geschlecht sowie der Relevanz dieser Konzepte widmen wird. Fokussiert wird exemplarisch die Darstellung von Männlichkeiten in Jugendfilmen des 21. Jahrhunderts.

Deren Relevanz erklärt sich durch das Entwicklungsthema des Mannwerdens, mit dem männliche Jugendliche konfrontiert sind sowie dem Sozialisationscharakter von Medien in einer durch und durch mediatisierten Welt. Dies wird im folgenden Kapitel der theoretischen Einführung genauer exploriert. Die Arbeit basiert zum einen auf der Theorie männlicher Sozialisation des deutschen Sozialpädagogen und Soziologen Lothar Böhnisch. Hier findet eine Verknüpfung mit weiteren Studien und Erkenntnissen zum Mediengebrauch von Jugendlichen sowie der sozialisatorischen Wirkung von Medien statt. Zum anderen wird die Theorie der australischen Soziologin Raewyn (ehemals Robert) Connell zur hegemonialen Männlichkeit herangezogen. Auf die theoretische Einführung folgt der empirische Teil. Darin wird zunächst die Forschungsfrage und daraufhin das methodische Vorgehen geschildert. Die Forschungsmethode orientiert sich an der soziologischen Film- und Fernsehanalyse nach Peltzer und Keppler (2015), die eine stufenweise Reduktion der zu analysierenden Filme, Protagonisten und zuletzt der aussagekräftigsten Szenen vorausstellt. Anschließend werden die Ergebnisse der ausführlichen Analyse der männlichen Protagonisten erläutert, um so ein präziseres Bild über deren Fähigkeiten, Beziehungen, körperlichen und charakterlichen Darstellungen sowie den dadurch vermittelten Männlichkeitsbildern zu erhalten. Das Ergebnis der Figurenanalyse liefert dabei die Grundlage des Diskussionsteils durch ein resultierendes Bild über die Relevanz pädagogischer Intervention bei Jungen* und medienpädagogischer Sensibilisierung. Zum einen hinsichtlich der Männlichkeitsbilder denen Jugendliche in Filmen und im gesellschaftlichen Verständnis ausgesetzt werden und die Reflexion darüber, ob diese als realistische Rollenbilder fungieren können und sollen. Zum anderen in Hinblick auf die Bedeutung dieser Filminhalte für die rezipierenden Jugendlichen. Weiterführend werden die Ergebnisse der Untersuchung sowie die Theorien Böhnischs und Connells kritisch diskutiert. Das Ende der Arbeit bildet das Fazit mit Kritik und Ausblick.

Soziale und biologische Männlichkeit ist ein Thema interdisziplinärer Natur. So finden sich neben biologisch-medizinischen Einsichten auch ethnologische, geschichtswissenschaftliche, philosophische oder rechtliche Betrachtungsweisen der Geschlechterfrage. Es gibt drei Disziplinen, die sich in bedeutendem Ausmaß mit der Gestaltung der wissenschaftlichen Forschung zu Männern und Männlichkeiten beschäftigen. Hierzu zählen die Psychologie, hauptsächlich durch den Ansatz der Psychoanalyse auf der Grundlage der Arbeiten von Sigmund Freud sowie die Anthropologie, die sich seit Mitte des 20. Jahrhunderts mit der Frage nach Männlichkeiten beschäftigt (Connell 2000a, S. 19f.). Zuletzt ist die Soziologie zu nennen, die sich zwar schon lange mit Geschlechterbeziehungen auseinandersetzt, jedoch erst seit wenigen Jahrzehnten auch Männlichkeiten als Thema fokussiert. Die sogenannten Men's Studies, in deren Mittelpunkt Männer und Männlichkeiten stehen, gibt es in den USA erst seit den 1980er und in Deutschland seit den 1990er Jahren (Meuser 2016, S. 218f.).

Die Bedeutung der Forschung rund um Jungen, Jugendliche und den Prozess der männlichen Sozialisation zeigt sich nicht nur im theoretischen Rahmen der Arbeit, sondern vielmehr auch in der Praxis der Sozialen Arbeit. Kinder und Jugendliche müssen auf dem Weg zum Erwachsenwerden immer wieder Entwicklungsaufgaben bewältigen, wozu auch die Ausbildung einer Geschlechtsidentität zählt. Insbesondere Jugendliche, die in prekären Entwicklungsbedingungen leben, können hierbei Schwierigkeiten zeigen (Böhnisch 2013, S. 92-99). Die Betrachtung medialer Inszenierungen von Männlichkeiten, denen männliche Jugendliche ausgesetzt sind und für welche sie sich begeistern, lassen einen Einblick in ihr Innenleben zu. Betrachtet man die Medien, die Jugendlichen gefallen, werden nicht nur Fragen sichtbar, die sie beschäftigen, sondern auch

Bedürfnisse, die sie durch den Konsum zu erfüllen suchen (Winter 2013, S. 158). Dies kann demnach als Instrument verwendet werden, Ansatzpunkte der pädagogischen Arbeit mit Jungen* zu finden. Was sind die Themen, die Jungen* beschäftigen? Welche Vorbilder wählen sie aus, um sich Bewältigungsstrategien anzueignen? Wie werden sie von diesen Vorbildern beeinflusst und welche Alternativen haben sie? All dies sind Fragen, die sich die Jugendarbeit stellen muss. Ihre Beantwortung soll dabei helfen, bedarfsgerechte Angebote für Jungen* zu konzipieren, sie in ihrer Entwicklung altersgerecht zu unterstützen und damit eine positive Bewältigung der Jugend zu ermöglichen.

In der vorliegenden Arbeit wird in Teilen die Sternchen-Schreibweise verwendet, wenn von Männern* oder Frauen* sowie Jungen* und Mädchen* gesprochen wird, um die Hinterfragung der sozialen Zuordnungspraxis der Zweigeschlechtlichkeit zu betonen. Weiter wird dadurch den diskriminierenden und hierarchisierenden Aspekten sozial normierter Zweigeschlechtlichkeit sowie dem generischen Maskulinum entgegengewirkt (Röhr/Hoeft 2011, S. 8-15). In Fällen, in denen dies nicht angewendet wird, soll bewusst auf die vorherrschende binäre Auffassung von Geschlecht aufmerksam gemacht werden.

2. Theoretische Einführung

Die folgende Untersuchung basiert in starkem Maße auf den Theorien der männlichen Sozialisation nach Lothar Böhnisch und der hegemonialen Männlichkeit nach Raewyn Connell. Erkenntnisse aus der jugend- und medienspezifischen Forschung ergänzen die theoretischen Grundlagen. Die Theorie Connells eignet sich, um die Typen von Männlichkeitsdarstellungen in den Filmen zu kategorisieren und besser zu verstehen. Die Theorie Böhnischs ist insofern relevant, als sie eine Erklärungsmöglichkeit für die Entwicklung von Männlichkeiten bei Jungen liefert und die Bedeutung der Medien in diesem Prozess betont.

Da Medien in starkem Maße Einfluss auf die Konstruktion von Wirklichkeit ausüben, sind sie als Analyseobjekte soziologischer Forschung essenziell. Medien behandeln aktuelle Themen, üben Kritik an der Gesellschaft und vermitteln Werte und Normen (Peltzer/Keppler 2015, S. 13). Sie gehören zum selbstverständlichen Repertoire des alltäglichen Lebens und müssen daher im Rahmen der individuellen Sozialisation entdeckt und entschlüsselt werden. Klaus Hurrelmann definiert Sozialisation als die „aktive Auseinandersetzung des Individuums mit seiner sozialen und dinglichen Umwelt." (Süss et al. 2016, S. 6) Diese Auffassung setzt nicht länger eine reine Anpassung des Individuums an seine Umwelt voraus, sondern versteht Sozialisation als wechselseitigen Prozess der Beeinflussung von Individuum und Umwelt. Die Umwelt, mithin auch die Medien, beeinflusst das Individuum und das Individuum besitzt die Möglichkeit, aktiv in seine Umwelt einzugreifen und sie zu verändern (Ebda, S. 6f.).

Mediale Produkte entstehen nicht zufällig. Vielmehr sind sie eine Reflektion ihres gesellschaftlichen Entstehungsumfeldes. Durch die Aufnahme gesellschaftlich relevanter Themen und des Zeitgeists entsteht eine Wechselwirkung zwischen Medien und sozialer Wirklichkeit (Peltzer/Keppler 2015, S. 4f.). Peter Berger und Thomas Luckmann beschreiben „soziale Wirklichkeit" als Produkt menschlicher Welterschließung auf sozialer, kultureller und historischer Ebene (Berger/Luckmann 2007, S.65f.). Dabei dienen bereits erstellte Muster als Richtlinien des sogenannten kollektiven Wissens, auf dem sich neue Praktiken errichten können (Peltzer/Keppler 2015, S. 5-6). Der von Berger und Luckmann (2007, S. 43f.) benannte „gesellschaftliche Wissensvorrat" dient dabei als Basis des Handelns in einer Gesellschaft und wirkt handlungsanleitend. Die sozial konstruierte Wirklichkeit ist dabei nicht nur für alle zugänglich und erfahrbar, sondern wird durch das Denken und Handeln jedes Individuums konzipiert (Ebda, S. 21f.). Mediale Inhalte erlangen dabei zunehmend mehr Raum in der Konstruktion des gesellschaftlichen Wissensvorrates. Durch die Alltagsrelevanz von Medien wird es beinahe unmöglich, diese von anderweitigen Sozialisationsinstanzen zu trennen (Kaiser 2015, S. 56). Ihr weitreichendes Kommunikationsangebot trägt nicht unerheblich zu der Umformung und Weiterleitung dieses Wissens bei. Mediale Inhalte erreichen einen weitaus größeren Radius an Menschen als die mündliche Kommunikation, besitzen dabei jedoch dieselbe Macht der Vermittlung von Themen, Werten oder Ideen (Peltzer/Keppler 2015, S. 7f.). „Medial zur Verfügung gestelltes Wissen ist immer auch mit anderen geteiltes Wissen – je nach Produkt sogar global geteiltes Wissen." (Ebda, S. 8) Das kommunikative Angebot medialer Produkte stellt insofern eine mediale Erfahrung dar, als die Empfänger*innen sich mit den Inhalten identifizieren können und unter Umständen ihren Alltag darin entdecken. Diese Erfahrung in Kombination mit dem Erfolg von Filmprodukten, eröffnet die Möglichkeit zur Verbreitung und damit zur Veränderung neuer kultureller Orientierungsmuster (Ebda, S. 8). Die Wechselwirkung von Film und sozialer Wirklichkeit zeigt sich durch die Bezugnahme filmischer Inhalte auf die bestehende Wirklichkeit. So nutzen Medien ihre Macht, um durch das Ein- oder Ausblenden von Aspekten, eine gezielte Version sozialer Wirklichkeit zu präsentieren. „Mediale Produkte sind sowohl Generatoren als auch Transformatoren sozialer Wirklichkeit." (Ebda, S. 13). Dabei wird die Interpretation oder spezifische Auswahl der als relevant betrachteten Inhalte den Rezipierenden überlassen (Ebda, S. 12).

Medien unterstützen die Selbstsozialisation Jugendlicher. Diese sind nicht länger abhängig von der Beantwortung ihrer Fragen durch Erwachsene oder Freund*innen, sondern können dazu auf ein breites Spektrum an Medien zugreifen. Nach gestaltpsychologischen Ansatz ist davon auszugehen, dass Bilder immer in gewisser Weise auf den Menschen wirken, ihn beeindrucken, beeinflussen sowie Ablehnung oder Anregung auslösen. Diese Effekte sind dann besonders wirksam, wenn die Jugendlichen sich mit dem Bild auseinandersetzen und ihm eine persönliche Bedeutung entnehmen. Durch die parasoziale Interaktion mit dem Film versetzen sich Jugendliche in die Rolle der Rezipierenden, der sowohl empfängt als auch die gezeigten Inhalte miterlebt, fühlt und verarbeitet (Barthelmes/Sander 2001, S. 58f.). So spiegelt sich im Verständnis des symbolischen Interaktionismus der Mensch in den Inhalten des Films, wodurch Arbeiten am Selbst und das Erkennen des Selbst möglich werden (Ebda, S. 137). Dies gelingt Filmen durch die Behandlung von jugendspezifischen Themen und Initiationserlebnissen wie der ersten Liebesbeziehung, das erste Auto oder Erlebnisse von Sieg und Niederlage. Dabei werden die Lieblingsstars der Jugendlichen zu Mentor*innen oder Begleiter*innen, die ihnen Variationen dieser Erlebnisse und Prozesse durch „stellvertretendes Probehandeln" (Ebda, S. 57) bieten. Jugendliche suchen gezielt nach Themen, die sie selbst betreffen und werden in der Breite der Medienlandschaft fündig. Filme werden oft nach personenspezifischen Themen sowie nach dem Alter und den damit einhergehenden Entwicklungsthemen gewählt (Ebda, S. 137). Dabei erhalten Jugendliche die Möglichkeit, Erfahrungen zu korrigieren und zu erweitern. Jugendliche selbst nennen als wichtigste Entwicklungsaufgaben der Jugend unter anderem: den eigenen Körper zu akzeptieren, die eigene Geschlechtsidentität und -rolle zu finden, sich von den Eltern abzulösen sowie Freundschaften und Paarbeziehungen zu gestalten (Ebda, S. 33, 139). Dabei stellt für Jungen die Hauptmotivation bei der Filmauswahl die Suche nach einem „positiven" Bild von Männlichkeit dar. Sie versuchen dadurch die Frage nach männlicher Identität sowie in vielen Fällen das Thema des abwesenden Vaters zu bearbeiten. Es geht um Fragen wie: Was macht einen Mann aus? Wofür lohnt es sich zu kämpfen? Wie bewältigt ein Mann seine Probleme? (Barthelmes/Sander 2001, S. 147f.)

Die Neigung Jugendlicher zur Trennung von Freizeit und Bildung führt zum verstärkten Konsum kommerzialisierter Filme. Diese setzen Schwerpunkte auf Faktoren wie Lust, Spaß, Spannung sowie auf hohe affektive Reize und neigen dabei zu einseitigeren Männlichkeitsdarstellungen (Winter 2013, S. 165f.). Aus diesen Produkten der Medienindustrie ziehen insbesondere jene Jungen* Bestätigung und Bestärkung ihrer Geschlechterwahrnehmungen, die noch keine stabile Geschlechtsidentität entwickelt haben und dadurch Neigungen zur Idolisierung des Männlichen aufweisen (Böhnisch 2013, S.152). Dennoch muss angemerkt werden, dass auch Jungen, die sich auf der Suche nach einer geschlechtlichen Identität fernab von Idolisierung und Abwertung bewegen, jenen Medieneinflüssen ausgesetzt sind. Die positive, dominante Männerrolle wirkt dabei ebenso attraktiv auf sie, wie auf die orientierungssuchenden Jungen (Ebda, S. 66f.).

An dieser Stelle muss angemerkt werden, dass sich die Bezeichnung „Jugendfilm" in der vorliegenden Arbeit nicht allein auf primär für Jugendliche konzipierte Filme, sondern auch auf bei Jugendlichen beliebte Filme bezieht. Der Begriff des Jugendfilms wird in der Forschung nicht eindeutig definiert. Hauptsächlich werden darunter jedoch originäre Jugendfilme gefasst, die speziell für Jugendliche konzipiert wurden. Dabei stehen jugendliche Hauptdarsteller*innen sowie deren Entwicklung und andere jugendspezifische Themen im Vordergrund. Von dieser Auffassung unterscheidet sich der faktische Jugendfilm, dessen Zielgruppe nicht speziell ein jugendliches Publikum ist, der sich aber durch das Aufgreifen von jugendspezifischen Themen unter jugendlichen Rezipierenden großer Beliebtheit erfreut. (Kurwinkel et al. 2013, S. 16).

2.1 Theorie der männlichen Sozialisation nach Lothar Böhnisch

Die Theorie der männlichen Sozialisation nach Lothar Böhnisch (2004/2013) beschreibt die Schwierigkeiten, mit denen Jungen bei der Entwicklung einer geschlechtlichen Identität konfrontiert werden und die Faktoren, die diese beeinflussen. Bereits im frühkindlichen Alter müssen sich Jungen, laut Böhnisch, einer schwierigen Aufgabe stellen: Der Loslösung aus der mütterlichen Symbiose zur Entwicklung einer eigenständigen geschlechtlichen Identität. Dies geschieht im Alter zwischen drei und fünf Jahren mit der Entwicklung des autobiographischen Gedächtnisses und des Erkennens der eigenen männlichen Körpereigenschaften (Böhnisch 2010, S. 242f.). Böhnisch beschreibt diesen Ablöseprozess als mit einem ambivalenten Verlangen nach dem „männlichen“ Vater gebündelt, der sowohl als Konkurrent als auch als Orientierungspunkt fungiert (Böhnisch 2013, S. 92). Durch dieses Bedürfnis ergeben sich die ersten Schwierigkeiten der männlichen Sozialisation. Zum einen durch die räumlich aber auch mental oft abwesende Vaterfigur. Zum anderen durch die einseitige Wahrnehmung des Vaters die aus seine häufigen Abwesenheit resultiert. Die geringe zeitliche Verfügbarkeit des Vaters lässt den Sohn nur selektive Seiten des väterlichen Wesens erleben, bei denen eher selten persönliche Probleme des Vaters bekannt werden. Dies stellt den Vater in eine übermächtige Rolle nach dem

Modell eines „starken" Mannes, wodurch es dem Jungen nicht gelingt ein ganzheitliches Bild von Männlichkeit zu entwickeln (Ebda, S. 97). Der Junge erlebt Weiblichkeit in Alltagssituationen und Beziehungsgefügen weit häufiger und bekommt dadurch ein breiteres Bild von dem Erleben, Können und Verhalten der Mutter und anderen Frauen (Ebda, S. 92f.).

Weitere Einflussfaktoren auf die frühe männliche Sozialisation sind, laut Böhnisch, die weibliche Dominanz in Kindergärten und primären Bildungseinrichtungen sowie das „starke" einseitige Darstellung von Männern in den Medien. Dies „[...] führt bei Jungen zwangsläufig zur Idolisierung des Mannseins und zur Abwertung des Gefühlsmäßigen, Schwachen, ‚Weiblichen' [...]. " (Ebda, S. 93) Dadurch kommt es beim Jungen zur Ablehnung der eigenen „weiblichen" Eigenschaften. Um dem Bedürfnis nach Geschlechtsidentifikation gerecht zu werden, muss sich der Junge zwangsläufig am präsenten Elternteil orientieren. Ist dies, nach Böhnisch, in den meisten Fällen die Mutter, kommt es zu einer „Umwegidentifikation" (Hagemann-White 1984, S. 90ff.). Dies bedeutet die Erschließung des Männlichen am weiblichen Objekt durch „[...] Distanzierung, Negation und Abwertung [...]" des sichtbar Weiblichen (Böhnisch 2013, S. 97).

Die kritischen Übergangszeiten des Mannwerdens finden sich insbesondere im frühkindlichen und vorpubertären Alter sowie im frühen Erwachsenenalter. Dahingegen benennt Böhnisch die Jugendzeit zwischen 13 und 16 Jahren als zweite Chance zur gelingenden männlichen Sozialisation (Böhnisch 2010, S. 244). Die vorpubertäre Schwierigkeit liegt darin, dass Mädchen etwa ein Jahr früher in die Pubertät eintreten als Jungen. Dies bedeutet eine überlegene Reife der Mädchen und eine mögliche Zuwendung zu älteren Jungen. Die Kränkung des Selbstwertes, die dadurch erlebt werden kann, versuchen die betroffenen Jungen durch sexistische Aktionen zu kompensieren. Es besteht die Gefahr der verstärkten Idolisierung des Männlichen und der Abwertung des

Weiblichen (Ebda, S. 244). Diese Entwicklung kann im Jugendalter durch die zunehmende Relevanz der Peergroup weiter verstärkt oder gehemmt werden. Es können sich positive Entwicklungsschritte ergeben, da es erstmals zum gegenseitigen Lernen von anderen, gleichaltrigen ‚Männern' kommt. „Allerdings kommen – je nach bisherigen biographischen Bewältigungserfahrungen und entsprechenden sozialen Chancen – Jungen zusammen, die sich selbst noch nicht ihres Mannwerdens sicher sind." (Böhnisch 2013, S. 115) Dies kann, laut Böhnisch, in Kombination mit dem vorherrschenden Homosexualitätstabu zum weiteren oder erneuten Durchbruch männlicher Idolisierung und weiblicher Abwertung führen. Oft wird dieses Tabu unbewusst aus der sozialen Umwelt wahrgenommen und führt zur Unterdrückung geschlechtsempathischer Emotionen. In den homosozialen Freundschaften entsteht Konkurrenzdenken, um so einerseits Nähe zu vermeiden und andererseits auf gesellschaftlich tolerierte Art und Weise Nähe zuzulassen (beispielsweise beim freundschaftlichen Rangeln) (Ebda, S. 98). An dieser Stelle zeigt Böhnisch die Rolle der Medien auf. Sie dienen denjenigen als Lösung für die Suche nach der männlichen Rollenidentität, die weder durch ihre Erziehung noch durch die Peergroup ein stabiles und handlungssicheres Bild von Männlichkeit entwickeln konnten und weiterhin von einem idolisierten Bild des Mannes geprägt sind. Jene Jugendlichen werden von Filmen angezogen, die ihr idolisiertes Bild von Männlichkeit widerspiegeln und ziehen daraus Bestätigung und Bestärkung in ihrer Geschlechtsorientierung. Es handelt sich dabei um eine parasoziale, also einseitige Interaktion, die den Rezipierenden eine fiktive Welt präsentiert, in der sie symbolische Beziehungen und fiktive Geschehen erleben. Die dargestellten idealisierten Männlichkeiten ernten darin Anerkennung und Bestätigung. In der realen Welt kommt es jedoch immer mehr zur Ablehnung idolisierter Männlichkeit, insbesondere durch gleichaltrige Mädchen. Dies führt dazu, den inneren Orientierungskonflikt betroffener Jungen weiter auszuweiten und weitere Erfahrungen der Ablehnung zu machen (Böhnisch 2013, S. 151f.). In diesem Kontext nehmen Medien eine besondere Rolle ein. Filmemacher*innen produzieren Filme, die zum höchstmöglichen Konsum bei der angesprochenen Zielgruppe führen sollen. Hierzu passen sie ihre Inhalte dem an, was Jugendliche ihrem Ermessen nach anspricht. Die Jugendlichen wiederum werden Bildern ausgesetzt, fühlen sich von diesen angezogen und werden von diesen beeinflusst (Ebda, S. 154f). Böhnisch betont beim Medienkonsum die Wechselwirkung zwischen transmittierten Bildern und Inhalten und verweist auf die daraus entstehende Gestaltungsdimension bei den Jugendlichen. Medien, die jugendspezifische Themen und Entwicklungsaufgaben ansprechen, sind von daher von besonderem Interesse, da sie Handlungsmöglichkeiten und -lösungen darbieten (Böhnisch 2013, S. 150f.). Barthelmes und Sander (2001, S. 147) stellten in ihrer Studie über den Medienkonsum von Jugendlichen im Auftrag des DJI fest, dass „das zentrale Motiv der Jungen bei der Auswahl ihrer Lieblingsfilme [...] ihre Suche nach einem positiven Selbstbild als Mann [ist]." Dabei interessieren sie insbesondere Fragen danach, wie ein Mann zu sein habe, was ein Held sei und wie diese Helden mit Problemen umgehen würden (Winter 2013, 161-164). Wichtig bleibt dabei, dass Medien von Jugendlichen nicht als direkte Instanz zur Nachahmung verwendet werden, sondern ihre Sozialisationswirksamkeit auf symbolischer Ebene erhalten (Böhnisch 2013, S. 155).

2.2 Theorie der hegemonialen Männlichkeiten nach Raewyn Connell

Connell greift in ihrer Theorie die vielen gescheiterten Versuche auf, ein standardisiertes Konzept von Männlichkeit zu erschließen. Dabei stellt sie fest, dass Männer nicht als homogene Gruppe eingestuft werden können (Connell 2015, S. 122). In jeder geschichtlichen Epoche, Kultur, ethnischen Gruppe oder gar in gesellschaftlichen Subsystemen wie Schulen oder Arbeitsplätzen finden sich verschiedene Ausprägungen und Vorstellungen von Männlichkeit sowie den dazugehörigen Männlichkeitsidealen (Connell 2000b, S. 10). Sie sind nicht selten von Widersprüchlichkeiten in den entsprechenden Verhaltensnormen sowie den Wünschen und Vorstellungen der Männer geprägt (Connell 2000a, S. 23). Die Jungenstudie von Winter und Neubauer (1999, S. 153-155) bestätigt dies am Beispiel der Notwendigkeit von Selbstkontrolle in der Interaktion mit Mädchen im Gegensatz zu Konfliktsituationen, in denen Aggression und Aktivität verlangt werden. Männlichkeiten sind besetzt von Spannungen und gegensätzlichen Erwartungen wie Verantwortungsübernahme einerseits und Risiko und Verantwortungslosigkeit anderseits. Connell stellt im Zuge dieser Betrachtung fest, dass nicht von Männlichkeit im Singular zu gesprochen werden kann, sondern der Plural „Männlichkeiten" den akkurateren Begriff darstellt (Connell 2000b, S. 10). Connell entwickelt ein Konzept von vier Männlichkeitstypen, die sich in westlichen Kulturen finden lassen und innerhalb von Systemen und Kulturen übertragbar sind. Sie verzichtet dabei auf konkretere Zuschreibungen von Charaktereigenschaften und beschreibt vielmehr Schemata von Männlichkeiten auf der Basis von Relationen in homo- und heterosozialer Beziehungen (Connell 2015, S. 135). Dabei differenziert sie zwischen hegemonialen sowie komplizenhaften, untergeordneten und marginalisierten Männlichkeiten.

Connell betont, dass Männlichkeiten weder genetisch veranlagt noch in sozialen Strukturen verankert sind. Stattdessen werden sie aktiv durch soziale Interaktion produziert und durch diese institutionell verankert. Sie stehen durch Machtbeziehungen zueinander im Verhältnis (Connell 2000b, S. 10-12). Dabei können sie sich in jeder sozialen Gegebenheit neu definieren und formen lassen. Dies zeugt von der Veränderlichkeit von Männlichkeitsbildern als Produkt historischer Gegebenheiten (Connell 2000a, S. 23). Die Relation zum Körper versteht Connell als wechselseitigen Prozess der Zuordnung spezifischer Verhaltensweisen zu einem sozialen Geschlecht und einem Reproduktionsbereich. Sie nennt die körperlich-biologische Komponente den Reproduktionsbereich, um die Variabilität der biologischen Determinanten zu verdeutlichen (Connell 2015, S. 124). Geschlecht muss, biologisch betrachtet, vielmehr als Spektrum gesehen werden statt als geschlossene Kategorie. Der männliche Körper ist demnach für Geschlechterzuschreibungen nicht ausschlaggebend, dient jedoch historisch als Projektionsfläche dafür (Connell 2000a, S. 22). Dabei reichen wenige Anzeichen, ganz unabhängig vom Genitalbereich, um auf der Basis von vorurteils-belastetem Alltagswissen zu entscheiden (oder danach zu suchen), ob ein Mensch als Mann oder als Frau angesehen wird (Hißnauer et al. 2002, S. 17). Weiter stellt Connell fest, dass Geschlecht immer in Relation zur ethnischen Zugehörigkeit, Nationalität, Klasse und Position in der Weltenordnung des Individuums betrachtet werden muss (Connell 2015, S. 128).

Der Begriff der hegemonialen Männlichkeit basiert auf Antonio Gramscis Untersuchungen zu Klassenbeziehungen. Dabei wurden Gesellschaftsdynamiken analysiert, durch welche Gruppen einen Machtanspruch einnahmen, rechtfertigten und kulturell implizite und anerkannte Normen zu dessen Erhalt installierten (Hißnauer et al. 2002, S. 28). „Hegemoniale Männlichkeit kann man als jene Konfiguration geschlechtsbezogener Praxis definieren, welche die momentan akzeptierte Antwort auf das Legitimitätsproblem des Patriarchats verkörpert und die Dominanz der Männer sowie die Unterordnung der Frauen gewährleistet (oder gewährleisten soll)." (Connell 2015, S. 130) Dabei stellt die hegemoniale Männlichkeit weder eine häufig repräsentierte noch eine leicht erreichbare Form von Männlichkeit dar, ist allerdings die begehrteste und anerkannteste. Sie etikettiert sich durch die soziale Erhebung gegen sowohl Männer als auch Frauen (Ebda, S. 10). Der entscheidende Punkt liegt dabei in der Entsprechung „[...] zwischen dem kulturellen Ideal und der institutionellen Macht." (Ebda, S. 131) Dies bedeutet beispielsweise, dass Macht oder Reichtum alleine keine Kriterien für die Etablierung hegemonialer Männlichkeit sind, aber allzeit in Abhängigkeit zu sozial anerkannten Faktoren stehen. Die hegemoniale Form von Männlichkeit in einer Gesellschaft oder sozialen Situation erhebt immer den Anspruch auf Autorität. Sie zeichnet sich weiterführend durch Anerkennung, einen hohen sozialen Status sowie Macht in emotionalen und Produktionsbeziehungen aus (Connell 2015, S. 127f.).

Der komplizenhafte Männlichkeitstyp zeichnet sich dadurch aus, dass er die Anforderungen und Normen der hegemonialen Männlichkeit nicht erfüllen kann, aber dennoch von dessen Existenz profitiert (Connell 2015, S. 133). Der Profit entsteht aus dem, was Connell die „patriarchale Dividende" nennt und aus der sich aufgrund der historischen Unterdrückung von Frauen ein Vorteil für Männer ergibt. Es handelt sich dabei um „[...] eine große Anzahl von Männern, [die] mit der hegemonialen Männlichkeit in Verbindung [stehen], sie aber nicht verkörpern [...]." (Ebda, S. 133) Dabei entsteht für diese Männer eine bequeme Position, in der sie zwar von den durch die hegemonialen Männlichkeiten errungenen Vorteilen profitieren, jedoch nicht dem Druck und den Risiken hinsichtlich deren Identitätserhalt ausgesetzt sind. Dabei merkt Connell an, dass gewisse Lebensentwürfe nicht mit der hegemonialen Form von Männlichkeiten vereinbar seien, wie meist in familiären oder partnerschaftlichen Kontexten, die

Kompromisse voraussetzen und somit heterosoziale Machtverhältnisse diminuieren (Ebda, 2015, S. 133).

Die Voraussetzung der hegemonialen Männlichkeit ist eine hierarchisch überlegene Beziehung sowohl gegenüber Frauen als auch zu anderen Gruppen von Männern. Der untergeordnete Männlichkeitstyp befindet sich dabei am untersten Ende der innergeschlechtlichen Hierarchie. Dies wird sowohl durch politisch strukturierte Benachteiligung als auch durch direkte, intrageschlechtliche Abwertung sichtbar. Das nach Connell häufigste Beispiel findet sich in den westlichen Gesellschaften in der Unterordnung homosexueller Männer. „Alles, was die patriarchale Ideologie aus der hegemonialen Männlichkeit ausschließt, wird dem Schwulsein zugeordnet; das reicht von einem anspruchsvollen innenarchitektonischen Geschmack bis zu lustvoll-passiver analer Sexualität." (Connell 2015, S. 132) Untergeordnet ist demnach das, was nicht in das Ideal der hegemonialen Männlichkeit passt. Hierbei findet eine Annäherung an das symbolisch Weibliche statt, was ebenfalls zur Erklärung der Unterordnung und der Intensität der Abwertung von Frauen dienen kann (Ebda, S. 132).

Während Hegemonie, Komplizenschaft und Unterordnung Teil der innergeschlechtlichen Hierarchieordnung sind, werden die marginalisierten Männlichkeiten davon ausgeschlossen. Marginalisierung entsteht durch den Einfluss und das Zusammenspielen weiterer kulturell bedeutsamer Faktoren wie Schichtzugehörigkeit, sozialen Milieus oder Ethnizität. Dabei stellt sich die jeweils dominante Gesellschaftsschicht, das soziale Milieu oder die ethnische Gruppe über die Minderheiten und sorgt damit für deren Marginalisierung. Hierbei findet ein Wechselspiel zwischen der Aufrechterhaltung von Marginalisierung durch die hegemoniale Männlichkeit und dem Nutzen der marginalisierten Männlichkeiten zur symbolischen Konstruktion der Hegemonie statt. Marginalisierung ist immer relativ zur Hegemonie zu betrachten. So können einzelne Männer marginalisierter Bevölkerungsgruppen sich z.B. durch Leistung hierarchisch durchsetzen und anderen Männlichkeitstypen zugehörig werden, dies weitet sich damit jedoch nicht auf den Rest der marginalisierten Gruppe aus (Connell 2015, S. 116f.).

Die Theorie Connells lässt sich insofern sinnvoll auf die Theorie der männlichen Sozialisation von Böhnisch beziehen, als diese eine Erklärung für die hierarchische Struktur zwischen Mann und Frau sowie die Abwertung von Männern mit „weiblichen" Eigenschaften liefert. Böhnisch benutzt selbst die Begrifflichkeiten Connells und beschreibt die männliche Dividende als Antriebskraft der männlichen Sozialisation (Böhnisch 2013, S. 98f.). Es liegt nahe, dass idolisierte Männlichkeitsbilder Jugendlicher teilweise der hegemonialen Männlichkeit entsprechen und umgekehrt.

3. Forschungsdesign

Im folgenden Kapitel wird die Methodik des Forschungsprozesses dieser Arbeit erläutert. Dabei wird die Methode zur Analyse der männlichen Protagonisten der untersuchten Filme erklärt. Dies dient zum Verständnis der Auswahlkriterien der Filme, der Ermittlung der Rollen und der Untersuchung des jeweiligen Protagonisten. Ausprägungen von Männlichkeiten werden in Hinblick auf den Figurencharakter und dessen Rolle im Film, seine physische Darstellung, seine Beziehungen sowie seinen emotionalen Ausdruck ermittelt. Um an Ergebnisse über die Darstellungsweise von Männlichkeiten bei Protagonisten aus Jugendfilmen zu gelangen, wurde die Methode der soziologischen Film- und Fernsehanalyse nach Peltzer und Keppler (2015) ausgewählt. Die Vorgehensweise ist deduktiv und hermeneutisch. Die Sinnhaftigkeit der Filmanalyse entwickelt sich aus der Relation von Medien und sozialer Wirklichkeit, auf die in der theoretischen Einführung bereits eingegangen wurde. Die soziologische Filmanalyse ist insofern aufschlussreich für die vorliegende Arbeit, da sie die soziale, kulturelle und mediale Wechselwirkung von Männlichkeitsrezeption, -produktion und -reproduktion darlegt. Es wird von der Vielschichtigkeit der Deutungsebenen filmischer Produkte ausgegangen, wobei das Ziel in der Entschlüsselung von Sinnpotentialen und Bedeutungsebenen liegt.

Die Untersuchung der Darstellung von Männlichkeiten in Jugendfilmen des 21. Jahrhunderts ist darauf gerichtet festzustellen, welche Formen von Männlichkeiten auf welche Art und Weise präsentiert werden. Die Forschungsfrage ist im Bezug zu Böhnischs Theorie der männlichen Sozialisation zu verstehen, in der er die Bedeutung von Medien, neben der Familie, Peergroup und sozialen Umgebung als sozialisationswirksamen Faktor anerkennt. Insbesondere benennt er dabei die Rolle der Medien als Objekt zur Bestätigung idolisierter Männlichkeitsbilder mancher Jugendlichen (Böhnisch 2013, S. 155f). Durch das gezielte, jedoch meist verdeckte Ansprechen jugendspezifischer Themen und Probleme und das gleichzeitige Porträtieren von Männlichkeitsvorbildern, die den Jungen in der realen Welt fehlen, wirken mediale Darstellungen besonders attraktiv (Ebda, S. 155f.). Daraus ergibt sich die folgende Hypothese der Arbeit: Männliche Protagonisten sind in beliebten Jugendfilmen immer Darsteller einer hegemonialen Männlichkeit und dienen der Bestätigung eines idolisierten Männerbildes. Die Forschung soll an den ausgewählten Beispielen festhalten, wie konkrete Männlichkeitsbilder aussehen können, denen Jugendlichen in filmischen Medien ausgesetzt werden. Es stellt sich dabei die Frage, ob Medien immer idolisierte Männlichkeitsbilder darstellen müssen, um bei Jungen beliebt zu sein oder ob auch alternative, vielschichtigere und realistischere Männlichkeiten zu finden sind. Versteht man diese Darstellungen und deren Anziehungskraft auf Jugendliche, wird leichter nachvollziehbar, was Jugendliche brauchen, um eine Geschlechtsidentität zu entwickeln.

3.1 Auswahl des primären Untersuchungskorpus (Sample)

Zum besseren Verständnis der Bedeutung von Männlichkeiten im Aufwachsen von Jungen* wurde die Medienanalyse ausgewählt. Medien sind im Aufwachsen von Kindern und Jugendlichen mittlerweile eine Selbstverständlichkeit und stehen in enger Verflechtung mit Freunden, Familie und Schule (Wegener 2016, S. 101). Es kann von der Mediatisierung der Jugend, also der Ausrichtung und Verstrickung medialer Inhalte in den Prozess der Jugend gesprochen werden. Das Medium Film wurde ausgewählt, da es sich über zahlreiche mediale Veränderungen und technologische Fortschritte im Alltag der Menschen gehalten hat. Der Film hat eine lange Tradition und Geschichte, angefangen beim Kino, über den privaten Fernseher bis hin zum Streaming über die neusten mobilen Endgeräte. Es hat sich als eines der wenigen Objekte klassischer Medien, wie Radio und Fernsehen durch kontinuierliche Weiterentwicklung, wie beispielsweise das aktuelle Angebot auf Streamingplattformen im Internet zeigt, durchgesetzt und damit seine Relevanz legitimiert. Neue Umfragen zeigen, dass sich der Konsum von filmischen Produkten im 21. Jahrhundert in seiner Quantität kaum verändert hat. Nur die Art und Weise wie darüber verfügt wird, wechselt insbesondere bei Jugendlichen und jungen Erwachsenen durch neue Trends kontinuierlich (Wegener 2016, S. 17). Die JIM-Studie (Jugend, Information, Multi Media) des Jahres 2000 (S. 11) führt das Fernsehen als wichtigste mediale Quelle für Jugendliche auf. 93% der Jugendlichen gaben an, mehrmals pro Woche oder sogar täglich Fernsehen zu schauen. Dahingegen äußerten dies nur 60% über die Computernutzung. Im Jahr 2020 erklärten 72% täglich oder mehrmals pro Woche Fernsehen zu schauen und 70% gaben an, auf diese Weise online Streamingplattformen zu verwenden (JIM 2020, S. 14). Diese Ergebnisse weisen stark auf die Verschiebung medialer Empfangsmöglichkeiten hin, zeigen jedoch nur geringe Veränderungen im quantitativen Konsum von Bewegtbildmedien.

Es wurden Filme ausgewählt, deren Zielgruppe Jungen* ab 12 Jahren sind, um den Zeitraum der Jugend zu fokussieren (Böhnisch 2013, S. 110). Jugendliche distanzieren sich stärker vom elterlichen Einfluss und suchen sich eigene Anhaltspunkte zur weiteren Entwicklung, wie bei Peers oder in Medien (Barthelmes et al. 2001, S. 80f). „[...] Die Suche nach der geschlechtlichen Identität ist hierbei eine von vielen Entwicklungsaufgaben, die die Jungen in dieser Zeit zu bewältigen haben.“ (Ebda, S. 32) Weiter üben Jugendliche mehr Selbstbestimmung über ihren Medienkonsum bezüglich Objekt und Zeit aus, was die Filmauswahl persönlicher und aussagekräftiger macht als bspw. bei Kindern, bei denen die Eltern über Inhalte (mit)bestimmen (Kutscher 2013, S. 118). Dies führt dazu, dass die Jugendlichen sich diejenigen Filme auswählen, die sie selbst und ihre Peergroup ansprechen. Um die Forschung einzugrenzen, wurde der Zeitraum der Erstausstrahlung in deutschen Kinos auf das 21. Jahrhundert begrenzt. Es wurden dabei drei der beliebtesten zielgruppenspezifischen Filme sowie ein klassischer Jugendfilm gewählt. Zur Bestimmung der beliebten Filme, wurde eine Priorisierung auf Filmreihen gelegt, da diese durch ihr wiederholtes Auftauchen in den Kinos mehr Aufmerksamkeit erhalten. Es wurde folgendermaßen vorgegangen:

Zunächst wurden alle Filmhitlisten der Filmförderungsanstalt der internationalen Kinofilme mit Erstausstrahlung zwischen den Jahren 2000 und 2020 analysiert (FFA Filmhitliste). Dabei wurden jeweils die erstplatzierten Filme mit mehr als 1,4 Millionen Rezipierenden im ersten Ausstrahlungsjahr vermerkt, die Teil einer Filmreihe sind. Weiter wurden jene selektiert, die unter die Gattung Spielfilm und spezifischer unter eines der Genres Thriller, Action oder Science-Fiction fallen, da diese das Hauptinteresse jugendlicher Jungen abzeichnen (Süss et al. 2008, S. 44f). Um die altersbezogene Zielgruppe ab 12 Jahren abzubilden, wurden alle Filme ausgewählt, die eine Altersfreigabe ab 12 Jahren haben. Dies wurde durch den Richtwert der Freiwilligen Selbstkontrolle der Filmwirtschaft (FSK) determiniert. Dabei muss erwähnt werden, dass die Bewertung der FSK gewissen Protokollen der Filmbewertung folgt (bspw. der Darstellung von Gewalt und erotischen Szenen). Die Altersfreigabe ist nicht in allen Fällen mit der Zielgruppe oder der tatsächlichen Zuschauergruppe gleichzusetzen. Sie liefert jedoch einen Orientierungswert, insbesondere bei den Kinobesucher*innen. Zuletzt wurden jene Filme ausgewählt, die einen männlichen Protagonisten haben. Es blieben acht Filme übrig, bei denen einige in den Nennungen von Lieblingsfilmen/Filmhelden Jugendlicher bei Süss et al. (2008, S. 46) und Winter (2013, S. 158f.) auftauchten und dadurch für die Untersuchung ausgewählt wurden. Es kam zur Reduktion auf: *The Fast and the Furious* (USA 2001; R: Rob Cohen), *Spider-Man* (USA 2002; R: Sam Raimi) und *Guardians of the Galaxy* (USA 2014; R: James Gunn). Alle drei Filme sind US-amerikanische Produktionen, zählen aber zu den erfolgreichsten Kinofilmen in Deutschland.

Als Kontrast zu diesen Filmen wurde als letztes der deutsche Film *Tschick* (D 2016; R: Fatih Akin) ausgewählt, der auf dem gleichnamigen Roman von Wolfgang Herrndorf basiert. Es handelt sich dabei um einen klassischen Jugendfilm mit Jugendlichen in den Hauptrollen. *Tschick* besitzt zwar ebenfalls einen männlichen Protagonisten, wodurch er Jungen eindeutig größeres Identifikationsmaterial liefert, klassifiziert sich jedoch nicht derart stark durch Geschlechterspezifizierung wie die anderen Filme. Dies macht ihn zu einem interessanten Vergleichsobjekt.

3.2 Theoretical Sampling I: Analyse der agierenden Figuren

Im weiteren Verlauf findet eine erste Reduktion auf relevante Szenen der ausgewählten Filme statt. Es geht darum, die Schlüsselszenen herauszuarbeiten, in denen die Darstellung von Männlichkeiten etabliert, verdichtet, veranschaulicht, aufgelöst, bewertet oder inszenatorisch auffällig behandelt wird. Zunächst wird bei auffälligen Szenen angesetzt. Das vollendete Sample kann jedoch aufgrund des methodischen Vorgehens erst nach Abschluss der Analyse festgestellt werden. Beim wiederholten Ansehen des Films wird der Film in Sequenzen und Szenen gegliedert. Szenen werden nach Handlungszusammenhängen, Schauplatzwechseln oder plötzlichen inhaltlich-thematischen Wechseln definiert. Sie werden daraufhin nach thematischem Zusammenhang in Sequenzen geordnet und mit einer sequenzbeschreibenden Überschrift versehen.

In der Analyse wird immer wieder auf Sequenzen und Szenen verwiesen, welche im Sequenzprotokoll im Anhang nachzulesen sind. Es wurde die Folgende Darstellungsweise gewählt: (1/2), welche auf Sequenz 1, Szene 2 verweist.

Die Analyse wird jeweils von einer Inhaltszusammenfassung eingeleitet, um das grundlegende Geschehen des Films verständlich zu machen. Im zweiten Schritt werden die wichtigsten Figuren des Films bestimmt. Diese Figuren werden zunächst quantitativ, durch ihr Auftreten in Szenen gemessen. Kommen sie demnach in mehr als 5 Szenen aktiv vor, werden sie als relevante Figuren des filmischen Geschehens eingeordnet. Daraufhin werden die Figuren in ihre Rollen im Film eingeordnet (Protagonist, Hauptfigur, Nebenfigur, Randfigur). Der Protagonist lässt sich daran erkennen, dass er eine Aufgabe gestellt bekommt, die es zu lösen gilt und die mit Hindernissen verbunden ist. Er hat eine höhere Aktivität und Präsenz als andere Figuren und wird damit zum Handlungszentrum des Films, welcher die Handlung vorantreibt (Peltzer/Keppler 2015, S. 130f.). Es können auch mehrere Figuren als Protagonist*innen fungieren, wobei meist eine von ihnen im Vordergrund steht. In manchen filmischen Produkten entdeckt man Variationen des Protagonisten. Dies kann sich in der Rolle von Held*innen oder Antiheld*innen äußern. Held*innen zeichnen sich durch ihren Einsatz für das Wohl der Gemeinschaft aus wobei sie an ihre Grenzen stoßen und über sich selbst hinauswachsen müssen, um alles zu einem guten Ende zu bringen. Dabei bezwingen sie unüberwindbar geglaubte Hindernisse durch ihren Mut und (beinahe) übermenschliche Fähigkeiten. Antiheld*innen hingegen zeichnen sich durch die Abwesenheit der typisch heldenhaften Eigenschaften und niedrigere moralische Qualitäten aus. Hauptfiguren wird weniger Aktivität und Präsenz zugeordnet, jedoch mehr als den Nebenfiguren. Sie sind weniger vielschichtig gezeichnet als der Protagonist und sind keine Objekte des hauptsächlichen Konflikts oder Aufgabe (Ebda, S. 130f.). In jedem Film findet sich eine gewisse Aufmerksamkeitshierarchie, nach der die Wichtigkeit der Figuren erkannt werden kann. Diese Hierarchie muss nicht ausschließlich auf der quantitativen Darstellung der Figur beruhen, sondern kann auch in ihrer Relevanz für das Handlungsgeschehen liegen (Eder 2008, S. 468). Wichtige Nebenfiguren sind jene, die den Protagonist*innen bei ihren Taten zur Seite stehen. Sie können als Gefährt*innen oder Sidekicks bezeichnet werden und stellen die besten Freund*innen oder engsten Begleiter*innen der Protagonist*innen dar. Sie helfen ihnen dabei sich zu profilieren und sind dabei häufig charakterlich kontrastreich zu ihnen angelegt. Sie dienen den Protagonist*innen meist als Motivator*innen sich selbst und ihre Vorstellungen zu realisieren und helfen ihnen dabei sich auf dem Weg treu zu bleiben (Peltzer/Keppler 2015, S. 131f.). Als letztes wird ein Blick darauf geworfen, ob sich die wichtigsten Figuren gruppieren lassen. Das Erkennen der Hauptfiguren lässt eine primäre Reduktion der zu analysierenden Szenen zu. Es werden alle Szenen im primären Sample festgehalten, die länger als eine Minute dauern und in denen der Protagonist mit Sprechanteil auftritt. Die Einordnung in die Männlichkeitstypen erfolgt aus Gründen der präziseren Betrachtung der Beziehungen nach der Analyse des Protagonisten.

3.3 Theoretical Sampling II: Darstellungsweise der Hauptfiguren

Zur Analyse des Protagonisten wird zunächst das vorläufige Ergebnis des Theoretical Sampling I verwendet. Bei der Analyse geht es darum, die Figur in ihrer Darstellung als Individuum und in Beziehungen zu anderen zu erfassen. Im Theoretical Sampling II wird jeweils eine relevante Szene der Kategorien ausgewählt, welche die Grundlage der Analyse und Beschreibung darstellen soll. Dabei muss auch immer die Frage nach der Inszenierungsweise und Wirkung beantwortet werden.

Analyse der Rolle: Für die Analyse der Rolle sind keine konkreten Szenen festzuhalten, da die Figurenrolle sich parallel zum filmischen Geschehen entwickelt und nicht auf eine einzelne Szene reduziert werden kann. Aus diesem Grund wird zur Analyse der Rolle keine weitere Reduktion vorgenommen und in der Figurenbeschreibung auf einzelne Szenen des Theoretical Sampling I verwiesen.

Analyse der physischen Darstellung: Hier wird zunächst festgestellt, ob die Figur im Verlauf des Films eine optische Veränderung durchlebt. Sollte dies der Fall sein, wird die Anzahl der Szenen ausgewählt, die benötigt werden, um alle optischen Aspekte der Figur im Film zu verstehen. Sollte dies nicht der Fall sein, wird eine zufällige Szene aus dem Theoretical Sampling I ausgewählt. Die Analyse wird durch Screenshots, welche in die Arbeit eingefügt werden, belegt. Die physische Betrachtung der Figur ist deshalb relevant, da Filmemacher*innen bereits mit der Auswahl eines Schauspielers über die Art und Dimension von Männlichkeit, welche sie darstellen möchten, entscheiden. Dabei kann eine gezielte Auswahl, mit Bezug auf die Wünsche einer potenziellen Zielgruppe stattfinden. Körper können zusätzlich durch Montage, Stuntdoubles und Nähe in Szene gesetzt werden, um sie zu dem zu machen, was die Produzent*innen an Geschlechtlichkeit produzieren wollen und die Rezipierenden gerne sehen (Hißnauer et al. 2002, S. 32f.).

Analyse der Beziehungen: Zur Analyse der Beziehungen wird zunächst zwischen homosozialen und heterosozialen Beziehungen differenziert. Dabei werden die qualitativ emotional wichtigsten und einflussreichsten Beziehungen der jeweiligen Figur ermittelt. Diese können in Form von Freundschaften, Liebesbeziehungen, familiären Beziehungen, Feindschaften oder in sonstigen Arten von Beziehungen auftreten. Bei der Auswahl jener Figuren ist die emotionale Verbindung zwischen den Figuren sowie die Signifikanz für das Thema der Männlichkeitsdarstellung (qualitativ) oder die Frequenz der Interaktion (quantitativ) von Bedeutung. Die ausgewählten Beziehungen werden in allen Szenen mit aktiver Interaktion betrachtet, wobei eine Szene im Detail analysiert wird. Dies wird nach dem qualitativem Wert der Szenen entschieden.

Analyse der Darstellung von Emotionen: Die Darstellung von Emotionen wird über den kompletten Filmverlauf analysiert. Dabei werden die Szenen aus dem Theoretical Sampling I auf jene Szenen reduziert, in welchen die Figur emotionale Regungen zeigt. Weiter werden Szenen hervorgehoben, in denen Erfolge oder Misserfolge erzielt werden. Die Emotionen wurden auf die sieben Basisemotionen Trauer, Zorn, Überraschung, Angst, Ekel, Verachtung und Freude beschränkt, wie sie von Paul Ekman (2007, S.82) beschrieben wurden. Dies lässt eine Allgemeingültigkeit annehmen, da die Basisemotionen universelle Repräsentation und Gleichheit besitzen. Das Erkennen der Emotionen wird durch die Gesichtsausdrücke festgehalten, da die Basisemotionen mit einem jeweiligen charakteristischen Ausdruck einhergehen (Ebda, XVIII). Obwohl auch die Stimme wichtige Informationen und Signale zum emotionalen Erleben aufweist, bleibt sie aufgrund der Synchronisierung des Films in der deutschen Fassung unbeachtet. Zudem muss beachtet werden, dass im Folgenden ein Schauspiel analysiert wird. Die emotionalen Regungen sind demnach keine echten Reaktionen auf echte Stimuli, sondern werden gezielt gezeigt und tragen somit zu einer gezielten Konstruktion eines Männlichkeitsbildes bei.

Trauer lässt sich durch die Aufwärtsneigung der Augenbraueninnenseiten, die horizontale Verzerrung der Lippen, das Senken der Mundwinkel und das Hochziehen der Wangen erkennen (Ekman, 2007, S. 138f). Zorn zeigt sich durch nach unten zusammengezogene Augenbrauen, einen stechenden Blick, zusammengepresste Lippen oder einen leicht rechteckigen und geöffneten Mund (Ebda, S. 193-197). Angst und Überraschung sind schwer voneinander zu unterscheiden, jedoch hält Überraschung nur wenige Sekunden an, bis eine Interpretation der

Situation vorgenommen wurde. Nach oben gerissene Oberlieder, angespannte Unterlieder und eine horizontale Verzerrung der Lippen sowie mittig zusammengezogene Augenbrauen sind deutliche Erkennungszeigen für Angst. Bei Überraschung schnellen die Augenbrauen mit den Augenlidern nach oben und der Kiefer fällt nach unten (Ebda, S. 228-232). Ekel lässt sich im Gesicht am häufigsten durch das Rümpfen des Nasenrückens und einer nach oben gezogenen Oberlippe erkennen, während Verachtung sich durch einen einseitig hochgezogenen Mundwinkel verdeutlicht (Ebda, S. 254-257). Freude lässt sich an den hochgezogenen Mundwinkeln und Wangen sowie den aktivierten Augenringmuskeln erkennen (Ebda, S. 287f.).

Einordnung in die Männlichkeitstypen: Die Einordnung in die Männlichkeitstypen kann meist nicht anhand einzelner Szenen vorgenommen werden, da die hierarchische Ordnung aus komplex zusammenwirkenden Beziehungen und Gegebenheiten entsteht. Die Bestimmungskriterien für die hegemoniale Männlichkeit sind Dominanz in homosozialen sowie heterosozialen Beziehungen, Anerkennung, hoher sozialer Status sowie Macht in emotionalen und Produktionsbeziehungen. Die hegemoniale Männlichkeit dient der Aufrechterhaltung und gleichzeitig der Legitimation von patriarchalen Strukturen (Connell 2015, S. 127f.). Männer vom Typus der komplizenhaften Männlichkeit lassen sich in Relation dazu erkennen. Sie erfüllen nicht die jeweiligen Kriterien der hegemonialen Männlichkeit ihrer Kultur, profitieren dennoch von der patriarchalen Dividende. Sie genießen also die Vorzüge der männlichen Dominanz, ohne sich dabei selbst aktiv für deren Legitimation einzusetzen. Der untergeordnete Männlichkeitstypus lässt sich an seiner untergeordneten Rolle in der innergeschlechtlichen Hierarchie erkennen. Connell ordnet hier als größten Faktor der westlichen Kulturen homosexuelle Männer ein, aufgrund der strukturellen und gesellschaftlichen Diskriminierung, welche diese erleben. Jedoch können auch heterosexuelle Männer durch die symbolische Annäherung an das Weibliche diesem Typus zugeordnet werden (Ebda, S. 131-133). Marginalisierte Männer zeichnen sich durch die Abweichung von der dominanten Bevölkerung einer Kultur in Bezug auf Ethnizität, Nationalität oder sozialer Schicht aus und befinden sich durch diese Abgrenzung außerhalb der innergeschlechtlichen Hierarchie (Ebda, S. 133f.). Aus diesen Kriterien, insbesondere aus dem Aspekt der Beziehungen heraus, kann die Einordnung in die Männlichkeitstypen stattfinden.

3.4 Analyseverfahren I: Mikroebene

Im Analyseverfahren der Mikroebene geht es um das Erkennen des ‚Wie' der Darstellung. Dies lässt sich auf visueller und auditiver Ebene sowie letzten Endes auch in deren Zusammenführung erfassen.

Visuelle Dimension: Die visuelle Dimension auf der Mikroebene wird in der Regel vom Verfahren der Kamera bestimmt. Sie entscheidet was, wie und aus welcher bzw. wessen Perspektive eine Situation von den Rezipierenden erlebt wird. Die Kamera nimmt in den meisten Fällen die Erzählerfunktion ein, wodurch ihr gewaltige Macht verliehen wird. Der Blick der Kamera verschmilzt dabei mit der Wahrnehmung der Rezipierenden. Sie bekommen das Gefühl, dass der Kamerablick auch ihr Blick sei, was er im Moment des Betrachtens durchaus ist (Hickethier 2012, S. 54f.). Es gilt daher, die Kamera zu beobachten, da diese Gefühle von Nähe und Distanz zwischen Figuren und Rezipierenden bestimmen kann. Sie entscheidet weiter darüber, wie sehr die Rezipierenden in ein Geschehen integriert werden, insbesondere durch den Wechsel der Einstellungsgrößen. Dies spielt nicht nur für die Informationsvermittlung und Aufmerksamkeitsleitung eine große Rolle, sondern auch für die Steuerung der

Emotionen und Haltungen der Rezipierenden, welche einer Figur oder Situation entgegengebracht werden sollen (Ebda, S. 59). Die Kameraeinstellung wirft ebenfalls die Frage nach der Bildkomposition, also der Anordnung der sichtbaren Objekte und Figuren auf. Hierdurch zeigt sich häufig eine Rangordnung von Wichtigkeit durch Staffelung in die Tiefe. Es werden im Folgenden acht Einstellungsgrößen und ihre mögliche Funktion benannt. Dabei handelt es sich um Beispielbilder aus *The Fast and the Furious* (USA 2001; Sam Raimi) Die Größe wird durch das Verhältnis von Objektgröße zum Bildrand determiniert.

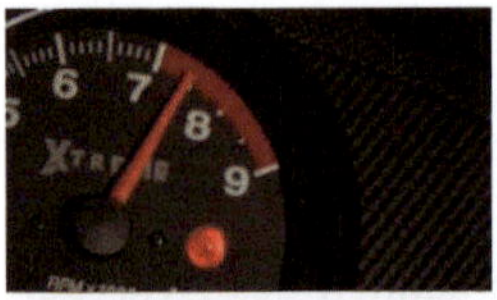

Detail: Ein kleines Objekt oder Detail eines Objektes füllt die Bildfläche. Gezielte Aufmerksamkeitslenkung wird ermöglicht.

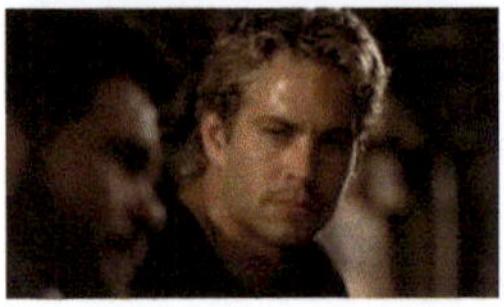

Groß: Ein kleiner Gegenstand oder das Gesicht einer Figur wird fokussiert. Mimik wird sichtbar. Intimität, Nähe und Identifikation können hergestellt werden. Gezielte Aufmerksamkeitslenkung wird ermöglicht.

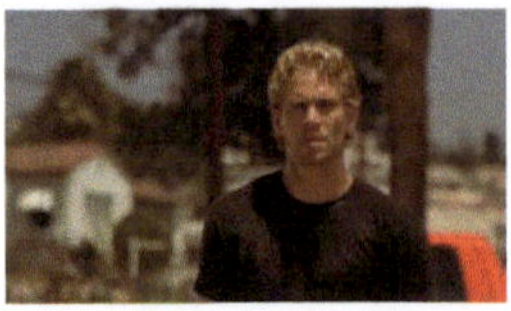

Nah: Eine Figur wird bis zur Brust gezeigt. Mimik und Gestik werden sichtbar. Intimität und Nähe können hergestellt werden. Gezielte Aufmerksamkeitslenkung ist möglich.

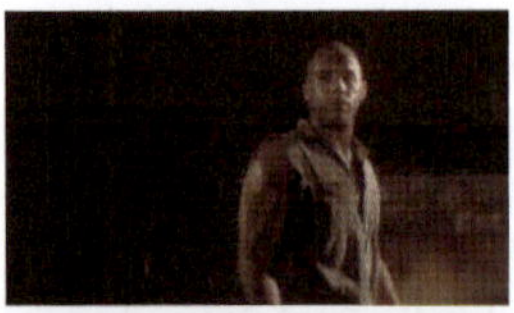

Halbnah: Eine Figur wird bis zur Taille gezeigt. Die Umgebung der Figur wird sichtbar. Das Situative steht im Vordergrund.

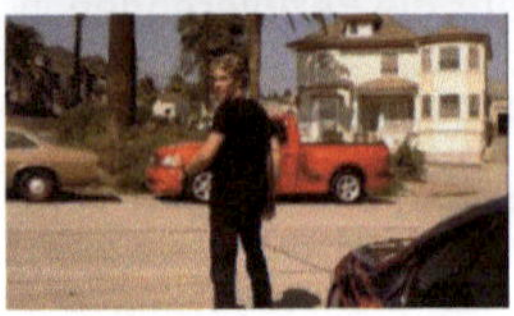

Amerikanisch: Eine Figur wird von Kopf bis Knie gezeigt. Ursprünglich in den Westernfilmen entstanden.

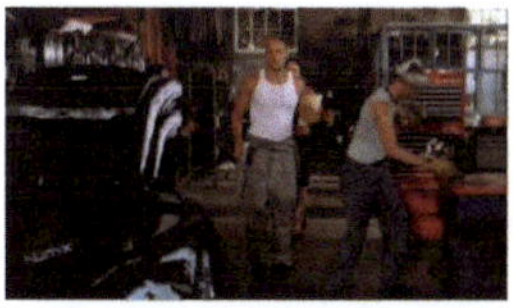

Halbtotale: Eine Figur wird von Kopf bis Fuß gezeigt. Beziehungen zwischen Figuren können verstanden werden. Einführung in eine Situation mit der Darstellung der relevanten Informationen.

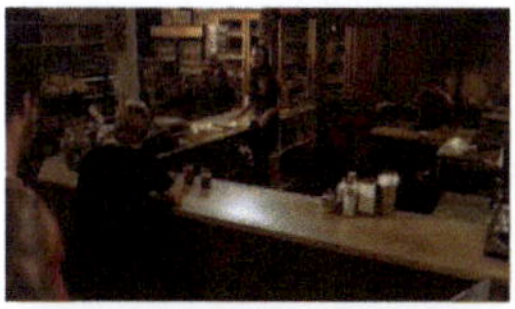

Totale: Eine Figur wird verkleinert in einem größeren Ausschnitt ihrer Umgebung gezeigt. Wahrnehmung der Gesamtsituation.

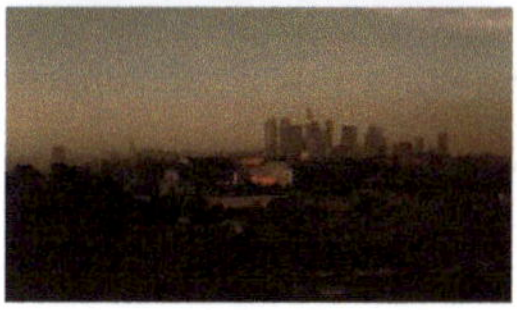

Weite: Eine Szenerie oder Landschaft wird dargestellt. Sie bereitet die Rezipierenden auf etwas vor und löst eine Stimmung aus. (Peltzer/Keppler 2015, S. 66-68)

Neben der Einstellungsgröße muss die Kameraperspektive bestimmt werden. Hier unterscheiden sich Normalsicht, Auf- und Untersicht. Die Normalsicht entspricht der alltäglichen Seherfahrung und lässt eine Begegnung auf Augenhöhe zu. Bei der Untersicht wird die Kamera nach oben geneigt, um ein Objekt zu filmen. Diese Perspektive lässt das gefilmte Objekt größer und mächtiger erscheinen. Die Aufsicht ermöglicht das Gegenteil: Objekte wirken kleiner und unterlegen. Des Weiteren unterscheidet man die Perspektive der subjektiven Kamera, welche den Rezipierenden den Eindruck vermittelt, ein Geschehen aus der Perspektive einer Figur zu beobachten (Ebda, S. 69f.).

Auditive Dimension: Die auditive Dimension der Filmanalyse beschäftigt sich mit all jenem, was auditiv wahrzunehmen ist. Hierzu zählen Dialoge, Sprache und Ausdrucksweisen sowie Musik und Geräusche, die das visuelle Geschehen des Films bekräftigen. Die akustischen Ebenen im Film tragen ungemein zur Bedeutungsgestaltung und zum Verständnis eines Films bei. „Sie transportieren Stimmungen, vermitteln Informationen, geben Rätsel auf oder führen in die

Irre, beruhigen oder beunruhigen, wiegeln auf oder wiegeln ab, stellen klar oder lassen im Unklaren." (Peltzer/Keppler 2015, S. 61) Sie führen die Rezipierenden in die Richtung, in der das Gesehene verstanden werden soll.

3.5 Analyseverfahren II: Makroebene

Anhand der im Theoretical Sampling I und II gefilterten Szenen kann mit der Analyse der Protagonisten begonnen werden.

Analyse der Rolle: Es geht darum, die Grundstruktur der Figur und ihre Bedeutung für das filmische Geschehen zu verstehen. Dazu werden die Fragen nach den herausstechenden Fähigkeiten und Charaktereigenschaften der Figur sowie ihrer Lebenslage beantwortet. Daraufhin soll geklärt werden, was die Aufgabe, das Ziel und die Motivation der Figur sind. Weitere Fragen zum Erfassen der Figurenrolle sind: Wird über oder durch die Figur moralisiert? Findet eine Wandlung statt? Wenn ja, wann und wie?

Analyse der physischen Darstellung: Zur Analyse der physischen Darstellung der Figur wird diese zunächst von Kopf bis Fuß beschrieben. (Körperbau, Körpergröße, Körperhaltung, Hautfarbe, Kleidung, Haare (Farbe, Struktur, Frisur, Bart), Gesicht (Form, Stirn, Augen, Nase, Mund, Ohren, Zähne, Kinn, Hals), sonstige Merkmale (Tattoo, Piercing, Narbe...). Daraufhin wird die Wirkung jener Eigenschaften beschrieben.

Analyse der Beziehungen: Die Figur wird in ihrer Beziehung zu den anderen Haupt- oder wichtigen Nebenfiguren untersucht. Es findet eine Analyse des Beziehungsgefüges statt. Hier wird genauer betrachtet, was dieses ausmacht, wie die Figuren zueinanderstehen, ob Machtverhältnisse sichtbar werden und ob Veränderungen in der Beziehung zu beobachten sind. Abschließend findet ein Vergleich zwischen den homosozialen und heterosozialen Beziehungen statt.

Analyse der Darstellung von Emotionen: Hierzu werden folgende Fragen behandelt: Welche Emotionen werden erlebt und wie oft? Was löst sie aus? Wie wird damit umgegangen? Gibt es Emotionen die nicht erlebt oder gezeigt werden (dürfen)? Wie geht die Figur mit Erfolgen oder Misserfolgen um?

Einordnung in die Männlichkeitstypen: Zuletzt werden die handlungsrelevanten männlichen Haupt- und Nebenfiguren in das Schema der Männlichkeitstypen nach Connell eingeordnet. Hierbei muss beachtet werden, dass die Zuordnungen je nach Perspektive unterschiedlich sein können. So kann eine Figur, die sich in zwei unterschiedlichen Gruppen bewegt, in jeder der Gruppen unterschiedlichen Typen zugeordnet werden.

3.6 Analyseverfahren III: Interpretation

Im letzten Schritt findet eine Zusammenführung der Beschreibungen auf Mikro- und Makroebene statt, wobei darauf basierend interpretative Ansätze generiert werden. Zum besseren Verständnis werden diese direkt in die jeweilige Szenenanalyse eingefügt. Die Verwebung des „Was" und „Wie" der Darstellung verleiht dem filmischen Geschehen seine Bedeutung (Peltzer/Keppler 2015, S. 150f.). Das interpretative Verständnis der Darstellung soll im Folgenden offengelegt werden. „Die enge Verknüpfung von Beschreibung und Interpretation in der Film- und Fernsehanalyse ist der Tatsache geschuldet, dass der kommunikative Gehalt filmischer Produkte immer das Resultat dessen ist, was dargeboten wird und wie es dargeboten wird." (Ebda, S. 150) An dieser Stelle muss bemerkt werden, dass die Interpretation von filmischem Geschehen immer eine der Möglichkeiten des Verstehens darstellt und somit Offenheit für andere Interpretationsmöglichkeiten bestehen bleiben muss.

4. Filmanalyse *The Fast and the Furious* (USA 2001, R: Rob Cohen)

Die *Fast and Furious*-Filmreihe nahm 2001 ihren Anfang. Der erste Film der Action-Reihe kam am 18. Oktober 2001 in die deutschen Kinos und erreichte im ersten Jahr eine Zuschauerzahl von 1.42 Millionen. Die acht folgenden Teile erzielten ebenfalls Topplatzierungen in den Kinocharts und noch höhere Zuschauerzahlen (FFA Filmhitliste). Der Film zeigt den Polizisten Brian O'Connor, der verdeckt in eine Straßenrenngang eingeschleust wird, welcher zahlreiche Überfälle auf Lastwägen nachgesagt werden. Beim Versuch die Fälle aufzuklären, nähert er sich der Gang an, entwickelt eine Freundschaft zu deren Anführer Domenic Toretto und verliebt sich in dessen Schwester Mia. Bald muss sich Brian entscheiden wem seine Loyalität gilt.

Die Hauptfiguren des Films sind Domenic Toretto und Brian O'Connor. Dies wird durch ihre Präsenz in beinahe allen Szenen und die mit Abstand höchsten Sprechanteile deutlich. Brian O'Connor befindet sich an der Spitze der Aufmerksamkeitshierarchie, wodurch er als Protagonist des Films erkennbar wird. Auch erhält er im Film einen Auftrag, dessen Erfüllung die Handlung vorantreibt und bestimmt. Brian hat den primären Konflikt des Films zu bewältigen, nämlich die Entscheidung für Freundschaft und Liebe oder seinen Beruf und Gesetzestreue. Damit erfüllt er die klassischen Merkmale eines Protagonisten (Peltzer/Keppler 2015, S. 130f.). Domenic ist der Anführer des Rennteams und eine der einflussreichsten Personen der Straßenrennszene. Er veranstaltet illegale Straßenrennen sowie Überfälle auf LKWs. Domenic ist jederzeit begleitet und umgeben von seinem „Team", bestehend aus Vince, Jesse, Leon und Letty, seiner Freundin. Sie können aufgrund ihrer bedingungslosen Loyalität und ihren Funktionen der Assistenz in Denken und Handeln gegenüber Domenic als Nebenfiguren und Gefährt*innen eingestuft werden. Im Team herrscht dank Domenic ein starker familiärer Zusammenhalt. Zuletzt stellt Mia, Domenics Schwester, eine wichtige Nebenfigur dar. Sie erscheint einzig im Zusammenhang mit den beiden Hauptfiguren. Informationen über ihr Leben und ihre Ziele sind spärlich, was sie als Nebenfigur erkennbar macht.

Auffällig ist die starke Gruppierung der Figuren. Die wichtigste Gruppe besteht aus Domenic und seinem Team (Jesse, Vince, Leon und Letty) sowie im weiteren Sinne seiner Schwester Mia. Daneben gibt es eine Gruppe von Latinos, die Freunde von Domenic und ebenfalls in der Rennszene aktiv sind. Weiter gibt es eine asiatische geprägte Gruppe unter der Führung von Johnny Tran, die Feinde von Domenic sind. Zuletzt gibt es die Gruppe der Polizisten und des FBI, die gemeinsam versuchen den Fall um die LKW-Überfälle zu lösen. Brian verlässt im Verlauf des Films diese Gruppe und wendet sich dem Team von Domenic zu. Der gesamte Film wird von männlichen Darstellern dominiert. Frauen treten nur in Nebenrollen auf und werden stets in Beziehung zu einem Mann, als Partnerin, Geliebte oder Schwester gezeigt.

4.1 Analyse der Rolle

Über Brian, den Protagonist des Films, erfährt man lediglich seinen Beruf als Polizist und dass er alleinstehend ist. Brian wird vorwiegend in der Welt der Rennszene gezeigt und nur in vereinzelten Szenen im Kontakt zu seinen Auftraggebern vom FBI. Die Zuschauenden lernen weder Familie noch Freunde Brians kennen oder erfahren sonstiges aus seinem Leben. Dies lässt ihn als Einzelgänger und Einzelkämpfer erkennbar werden. Er ist sowohl die erste wie auch die letzte Figur, die im Film erkennbar gezeigt wird.

Brians Herausforderung, Informationen über die Gruppe zu erlangen ist zunächst mit der Schwierigkeit verbunden, Domenics Vertrauen und Respekt zu gewinnen. Mit dem zunehmend engen Verhältnis zwischen Brian und dem Team sowie seiner Zuneigung zu Mia, wächst auch seine Sympathie und Loyalität gegenüber der Gruppe. Brian gerät mehr und mehr in einen inneren Konflikt, da er sich zwischen seinem Beruf als Polizist und seiner Liebe für Mia entscheiden muss. Sein Zwiespalt zeigt sich in dem Versuch das Team vor den Ermittlern in Schutz zu nehmen und die Untersuchung auf andere Gangs zu lenken (8/1). Schließlich entscheidet sich Brian dafür, dem Team trotz ihrer kriminellen Machenschaften zu helfen und setzt damit seine Polizeikarriere aufs Spiel (12/2). Er vermittelt dadurch, dass Liebe und Freundschaft wichtiger sind als ein Job oder eine Beförderung und dass Verrat das größte Übel ist. Der Sinneswandel Brians bewirkt bei den Rezipierenden die Infragestellung von „richtig" und „falsch". Dies lässt seinen starken Einfluss als Protagonist sichtbar werden. Die Rezipierenden sympathisieren mit dem Team, wodurch die Polizei letzten Endes zum Feind wird, ohne dass die moralische Qualität dieser Entscheidung hinterfragt wird. Obwohl er seine Loyalität dem Team gegenüber immer wieder beweist, bekommt er von ihnen Ablehnung, Wut und Enttäuschung zu spüren, als sie von seiner wahren Identität erfahren (vgl. 12/2, 13/1). Durch das offene Ende bleibt unklar, welche Konsequenzen Brian erwarten oder wie sich die weitere Freundschaft bzw. Liebe entwickelt.

Brian durchläuft im Prozess der Annäherung unterschiedliche Stufen. Zuerst ist er der Außenseiter, von Vince auch „Blindgänger" genannt. Er wird immer wieder herabgewürdigt und bekommt deutlich zu spüren, dass er der Rennszene nicht zugehörig ist. In der zweiten Phase (ab 4/1) findet er langsam Anschluss und erfährt Respekt vom Team. Dies geschieht hauptsächlich durch die Akzeptanz Domenics, welcher durch seine dominante Stellung in der Gruppe Akzeptanz bei den anderen initiiert. Durch seine wohlwollende und freundliche Art überzeugt Brian das Team, ihm zu vertrauen. Er tritt dabei jederzeit selbstbewusst auf. Seine Schießfähigkeit und das Meistern von Verfolgungsjagden lassen ihn auffallen und Respekt ernten (3/2). Seine Duldsamkeit gegenüber sämtlichen Beleidigungen und Abwertungen rührt möglicherweise aus seinem Überlegenheitsgefühl durch seine Rolle bei der Polizei. Dies scheint ihm Selbstsicherheit, Stärke und Gelassenheit zu geben. Schließlich erlangt er mit dem weiteren Eindringen in die Rennszene die Macht, die ihn demütigenden Teammitglieder an die Polizei auszuliefern.

4.2 Analyse der physischen Darstellung

Brian O'Connor wird von dem Schauspieler Paul Walker dargestellt. Im Verlauf des Films verändert er sich optisch nicht, weswegen die erste Sequenz ausgewählt wurde, um seine physische Darstellung zu analysieren (1/4).

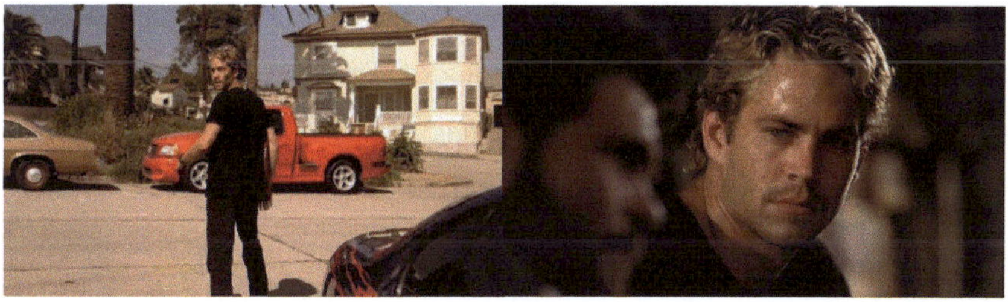

Filmstills: *The Fast and the Furious* (USA 2001; Rob Cohen), Quelle: Netflix

Brians Körperbau ist unauffällig und als normal bis schlank zu beschreiben. Er ist von einer alltäglich ausgeprägten Muskulatur unterzeichnet. Im Vergleich zu seinen Mitdarstellern ist er groß. Seine Kleidung besteht meist aus Jeans und T-Shirts in unauffälligen Farben. Da im Film kaum Ganzkörperaufnahmen gezeigt werden, kann über sein Schuhwerk nichts gesagt werden. Am linken Handgelenk trägt er eine schwarze Uhr und am rechten ein unauffälliges Armband. Er scheint mit seiner Kleidung nicht auffallen zu wollen und sich über seinen Stil wenig Gedanken zu machen. Brian hat helle, leicht sonnengebräunte Haut. Er geht aufrecht, locker und mit schwingenden Armen, was ihn selbstbewusst und entspannt wirken lässt. Seine Körperhaltung und -sprache strahlen Selbstbewusstsein und Coolness aus. Er hat blonde, leicht lockige Haare, die meist locker in die Stirn fallen oder mit etwas Gel nach hinten gekämmt sind. Sein Gesicht ist oval mit einer hohen Stirn. Er trägt einem Dreitagebart, sein Kiefer ist ausgeprägt und die Wangenknochen stehen leicht hervor. Er hat schmale, hellblaue Augen mit langen Augenbrauen, die durch ihre helle Farbe Aufmerksamkeit auf sich ziehen. Seine Lippen sind kantig und voll, seine Nase spitz und gerade. Sein symmetrisches Gesicht scheint auf andere attraktiv zu wirken. Dies wird unter anderem durch Jesses und Leons ironischer Anmerkung „Er ist ein richtig hübsches Kerlchen" (1/4) deutlich und kann durch Mias Interesse an ihm vermutet werden. Während des kompletten Films ist Brian hauptsächlich mit ernstem Gesicht zu sehen. Nur im Gespräch mit Mia zeigt er eine freundliche, offene und manchmal lächelnde Mimik (vgl. 6/4, 9/2). Brians physische Darstellung ist durchschnittlich und lässt kaum Rückschlüsse auf seine Person zu. Es lässt sich Mühelosigkeit in der Gestaltung seiner Äußerlichkeit erkennen, wodurch er entspannt, natürlich und selbstbewusst erscheint. Er bietet durch seine körperliche Darstellung einen Identifikationspunkt für weiße Jungen und Männer.

4.3 Analyse der Beziehungen

Brian hat im Film drei Beziehungen, die für ihn besonders wichtig und einflussreich sind. Dazu zählen die freundschaftliche Beziehung zu Domenic, die romantische Beziehung zu Mia und die feindliche Beziehung zu Vince.

Heterosoziale Beziehungen: Die einzige heterosoziale Beziehung die Brian im Film aufbaut oder pflegt ist die zu Mia Toretto, Domenics Schwester. Sie ist die erste Figur, mit der er interagiert (1/3). Über den Verlauf des Films wächst ihre Zuneigung zueinander, wird jedoch schließlich durch Brians Geständnis, dass er Polizist ist, unterbrochen (12/2). Mias Wut, Enttäuschung und Misstrauen in Brian werden dabei klar deutlich (12/2,4). In Szene 6/4 ist Mia nach einem BBQ in der Küche und erledigt den Abwasch. Brian kommt als Einziger zu ihr und bietet seine Hilfe an. Dies wird in der Halbnahen gezeigt, um ein Einfinden in die Szene zu erlauben. Man hört das Klappern der Teller beim Abwasch und das Zirpen der Grillen durch das offene Fenster, was das Gefühl eines lauen Sommerabends vermittelt. Brian zeigt sich hilfsbereit und als Gentleman. An dieser Stelle wird eine intra- als auch intergeschlechtliche Hierarchie sichtbar. Mia kocht und spült, während Letty als Teammitglied Vorzüge genießt und mit den Männern einen Film schauen kann. Dies demonstriert den hohen Status, der mit der Mitgliedschaft im Team verbunden ist. Die Konstruktion von Männlichkeit entsteht dabei im Kontrast durch die Differenzierung zum Weiblichen. Brian merkt an, dass er es nicht gerecht findet, dass Mia kochen und spülen muss. Er versucht damit Mias hierarchische Position in der Gruppe zu heben und zeigt ihr, dass er sie wertschätzt. Er vermittelt dabei die Wertvorstellung, dass eine Frau nicht allein für das Kochen und Putzen verantwortlich sein sollte und zeigt damit eine progressivere und reflektiertere Denkweise als die anderen Teammitglieder. Hier werden seine Fähigkeit der Reflexion von Gerechtigkeit und seine Zuneigung zu Mia deutlich. Die beiden werden fortan von außen durch das Küchenfenster gefilmt, wodurch die Rezipierenden in eine Beobachterrolle versetzt werden und die Interaktion als Außenstehende wahrnehmen. Die Einstellung wechselt zwischen Halbnah- und Nahaufnahmen, was sowohl die Positionierung der beiden zueinander als auch die jeweiligen emotionalen Regungen erkennen lässt. Mia scheint ihre niedrige Position in der Gruppe als Verantwortliche für Kochen und Putzen akzeptiert zu haben und fordert Brian dazu auf mit den anderen den Film zu schauen. Diese Szene bekräftigt erneut die hierarchische Ordnung des Teams, die privilegierte Stellung der Mitglieder sowie die untergeordnete Rolle der Frau. Brian bleibt dennoch, um ihr zu helfen und signalisiert ihr damit, dass er Zeit mit ihr verbringen möchte. Die beiden schauen sich immer wieder gegenseitig an, was ihre Anziehung zueinander verdeutlicht. Mia wirft Brian kurze, verlegene Blicke zu, während Brian sie selbstbewusst ansieht. Er zeigt hierdurch seine Überlegenheit und dass er trotz seiner Gefühle für sie selbstsicher ist. Brian schlägt Mia vor, einmal zusammen auszugehen. Durch die Formulierung des Satzes als Aussage und nicht als Frage, zeigt er Selbstbewusstsein, Gelassenheit und eine gewisse Indifferenz gegenüber Mias Antwort. Er scheint davon auszugehen, dass Mia „ja" sagen wird. Mia verneint jedoch bestimmt, mit der Begründung, dass sie nicht mit Freunden ihres Bruders ausgehe. Sie macht sich hierdurch für Brian zunächst unerreichbar, was für diesen einen Reiz darzustellen scheint, sich weiter um sie zu bemühen. Brian reagiert mit Humor und spielt somit die Absage Mias herunter. Er antwortet, dass er Domenic „dann wohl in den Arsch treten [müsse]" und lockert damit die Situation auf, was sich in beidseitigem Lachen äußert. Brian findet spielerisch einen Weg, um Mias Absage zu umgehen und zu zeigen, dass es ihm ernst ist und er nicht beabsichtigt aufzugeben. Er lässt durchscheinen, dass Mia ihm wichtiger ist als die Freundschaft zu Domenic. Immer wieder schaut er sie mit interessiertem Blick an, ist freundlich und hat beim Sprechen einen neckenden Unterton, der als Flirtversuch verstanden werden kann. Vince kommt in die Küche und unterbricht die Zweisamkeit von Brian und Mia. Er sieht Brian und befiehlt ihm sein Auto zu waschen, wenn er mit dem Spülen fertig ist. Mia reagiert irritiert und wütend. Vince versucht sie daraufhin zu beruhigen, indem er ihr vermittelt, dass er mit „dem Blindgänger" (Brian) spreche. Er adressiert Brian weiterhin im Befehlston, versucht ihn zu erniedrigen und lacht. Brian dreht sich um, zeigt sich jedoch unbeeindruckt und reagiert nicht auf Vince. Die Figuren werden in der Halbnahen gezeigt, wobei Mia und Brian nebeneinander zu sehen sind. Dies lässt ihre Nähe und ihren Zusammenhalt gegenüber Vince erkennen. Mia greift ein und fragt Vince nach dem Restaurant, in das er mit ihr gehen wollte. Er wirkt glücklich als Mia dies anspricht und nennt ihr den Namen des Restaurants. Mia stellt sich daraufhin dicht vor Brian und schaut ihm in die Augen. Das Aufbauen von Nähe kann als Flirten verstanden werden und vermittelt Anziehung und Vertrautheit zwischen den beiden. Mia schlägt Brian vor gemeinsam dieses Restaurant zu besuchen und er stimmt zu. Dabei werden alle drei Figuren in amerikanischer Einstellung gezeigt. Brian schaut Vince reuevoll an. Dieser verlässt die Küche wütend und schlägt gegen die Tür. Es lässt sich erahnen, dass auch er an Mia interessiert ist und Brian auch deshalb feindselig gegenüber gestimmt ist, weil er ihn als Konkurrent um Mias Zuneigung wahrnimmt. Mia nutzt in dieser Situation ihre Macht, die sie durch die Zuneigung der beiden Männer besitzt, um Vince für sein missbilligendes Verhalten gegenüber Brian zu bestrafen. Hierbei verdeutlicht sie auch ihren Sinn für Gerechtigkeit sowie ihre Zuneigung zu Brian. Brian behält in jeder Situation die Kontrolle, sogar als Mia ihn ablehnt. Dadurch demonstriert er Dominanz und weist Schwäche von sich. Mia nimmt zeitweise ebenfalls eine dominante Rolle ein, als sie Brian vor dem Spott von Vince beschützt und ihm hilft sich Vince gegenüber zu behaupten. Brian steht zu seinen Gefühlen für Mia und lässt sie dies immer wieder deutlich spüren, dabei ist er jedoch darauf bedacht immer in der Machtposition zu bleiben und trotz Gefühlen locker zu scheinen.

Homosoziale Beziehungen: Die beiden quantitativ herausstechenden sowie qualitativ in ihrer Bedeutung für die Darstellung von Männlichkeiten homosozialen Beziehungen Brians sind die sich entwickelnde Freundschaft zu Domenic und die Rivalität gegenüber Vince. Durch das allmähliche Erlangen von Domenics Akzeptanz und Respekt wird Brian auch von den anderen im Team mehr akzeptiert und willkommen geheißen. Dies zeigt die Macht und die Autorität, die Domenic über das Team hat, welches jederzeit bereit ist, ihn zu unterstützen. Die Beziehung der beiden verändert sich im Laufe des Films stark. Zuerst wird Brian von Domenic als Außenseiter und Unerwünschter behandelt. Domenic ist Brian in jeglicher Hinsicht überlegen. Brian ist körperlich unterlegen und durch Domenics starke Präsenz eingeschüchtert. Durch seine körperliche Dominanz, seine machtvolle Position in der Rennszene sowie sein muskulöses, hartes Erscheinungsbild und das selbstbewusste Auftreten, besitzt Domenic eine autoritäre Ausstrahlung. Er macht Brian deutlich, dass er strukturell überlegen ist und die Macht besitzt, Brian feuern zu lassen. Brian stellt ursprünglich einen Gegenspieler Domenics dar. Dies wird den Rezipierenden jedoch erst in Szene 5/1 und Domenic in Szene 12/6 offenbart, da Brian seine wahre Identität als Polizist geschickt verbirgt. Im Verlauf des Films nimmt die Beziehung der beiden mit dem allmählichen Aufbau einer tiefen Freundschaft eine positive Wendung. Dieser Prozess beginnt, als Brian Domenic auf der Flucht vor der Polizei rettet (3/2). Daraufhin kommt es zu der ersten Szene, in der Brian Anerkennung und Respekt gezollt wird und er in das Team integriert wird.

Die beiden kommen nach dem Rennen und der Flucht vor der Polizei bei Domenics Haus an, wo eine Party stattfindet. Brian will bereits nach Hause laufen, weil er davon ausgeht, dass er auf der Party nicht willkommen ist. Nach kurzem Zögern lädt Domenic ihn auf ein Bier ein. Hierbei wird Domenic in Untersicht und Halbnahaufnahme gezeigt, was seine mächtige Position unterstreicht. Im Hintergrund ist Partymusik zu hören. Domenic geht ins Haus und steuert wütend auf Leon und Vince zu, weil sie ihn auf der Flucht vor der Polizei im Stich gelassen haben. Die synthetisierte Musik, die auf der Party läuft, ist während der gesamten Szene deutlich zu hören. Er nimmt den beiden ihr Bier weg und wendet sich ab. Er vermittelt dadurch seinen Zorn und demonstriert seine Macht durch das Wegnehmen der Getränke, ohne dass die Männer etwas dagegen zu tun wagen. Brian hat das Haus mittlerweile betreten und sieht sich neugierig und zugleich skeptisch um. Als Vince sieht, dass Brian da ist, fragt er Domenic, warum er den „Blindgänger" angeschleppt habe. Domenic reagiert wütend und schreit, dass Brian ihn vor der Polizei gerettet habe. An dieser Stelle werden Domenics starke Wertvorstellungen von Ehrlichkeit, Freundschaft, Zusammenhalt und Loyalität sichtbar. Dass sich diese Werte in Brians Rettungsaktion widerspiegeln, weckt Domenics Sympathie für ihn. Domenics Verfestigung dieser Werte macht ihn unter anderem zu der anziehenden Persönlichkeit, die er ist. Gleichzeitig zeigt er jedoch moralische Unbeteiligtheit gegenüber den Gesetzesverstößen des Teams. Domenic geht mit geöffneten Armen auf Brian zu und bietet ihm das Bier von Vince an. So vermittelt er Brian auf symbolischer Ebene Anerkennung und heißt ihn im Kreis der Gruppe willkommen. Die beiden werden in der Halbnahen gezeigt, mit einer kurzen Detailaufnahme beim Überreichen des Biers. Hierdurch wird die Wichtigkeit der symbolischen Geste unterstrichen. Es findet eine symbolische Verschiebung der Hierarchie zwischen Vince und Brian statt, gegen die sich Vince im weiteren Verlauf zu wehren versucht (vgl. 6/4). Brian schaut Vince an und wischt die Öffnung der Bierflasche provokant mit seinem Hemd ab, bevor er daraus trinkt. Diese Geste hat einen subtil herabwürdigenden Beigeschmack, als ekele sich Brian vor Vince. Als Brian kurz weg ist, redet das Team auf Domenic ein und plädiert gegen die Eingliederung Brians. Dies zeigt die Funktion der Teammitglieder als Gefährt*innen, die als Wegweisende Domenics fungieren. Domenic zeigt sich jedoch unbeeindruckt und betont damit seine Macht der unabhängigen Entscheidungsfindung. Als Brian zurückkommt, weist ihn Domenic darauf hin, dass er ihm wegen dem verlorenen Rennen noch ein Auto schulde. Mit einem frechen Grinsen im Gesicht weist er Brian damit auf seinen Platz zurück und erinnert ihn an die vorherrschende Hierarchie sowie an seine Niederlage. Dies wird an der Positionierung der Figuren erkennbar. Domenic steht mit Letty im Arm auf einer Treppe, locker über das Geländer gelehnt. Brian steht unten an der Treppe und wird aus der Vogelperspektive und somit der Sicht Domenics gezeigt, was ihn klein und untergeordnet erscheinen lässt.

Die Beziehung und das Vertrauen zwischen den beiden werden im weiteren Verlauf des Films immer stärker. Dies zeigt sich auch daran, dass sich Domenic gegenüber Brian emotional öffnet und ihm von seiner Vergangenheit erzählt (9/1). Domenic verdeutlicht seine Dankbarkeit sowie die wachsende Sympathie, indem er Brian einen Job in seiner Werkstatt anbietet (6/1). Die Beziehung wird kurz getrübt, als Vince Brian beim Einbruch in Hectors Garage erwischt und den Verdacht äußert, dass Brian Polizist sei (7/3). Der Versuch Brians die Ermittlungen der Polizei in eine andere Richtung zu lenken, ist Indiz dafür, dass auch ihm immer mehr an der Freundschaft zu Domenic liegt (8/1, 10/2). In Szene 12/1 entscheidet sich Brian endgültig für die Treue zum Team, für Freundschaft und Liebe im Gegensatz zu seinem Job, dem Gesetz und für den Verrat an seinen ehemaligen Kollegen. Auslöser dafür sind nicht zuletzt Domenics starke Meinung und Werte, die hohen Einfluss auf ihn ausüben. Die große Enttäuschung Domenics als er erfährt, dass Brian Polizist ist und das Team belogen hat, versucht Brian durch die Rettung von Vince (12/6), das gemeinsame Rächen von Jesses Tod (13/2) und schließlich die Überlassung seines Autos als Fluchtwagen für Domenic (13/3), wiedergutzumachen.

Während des gesamten Films ist Vince, Domenics ältester Freund und Teil des Teams, Brians Gegenspieler und Rivale. Es sind mehrere Gründe erkennbar, warum Vince Brian gegenüber von Beginn an Ablehnung zeigt. Zum einen gibt es einen Wettbewerb um Mia (vgl. 6/4). Für Vince ist Brian ein Konkurrent, der zudem mehr Erfolg bei Mia zu haben scheint als er selbst. Ein weiterer Konfliktpunkt der beiden ist die Rangordnung in der Gruppe. Der zweite Platz in der Hierarchie wird von Domenic bestimmt und an dessen engsten Freund und Verbündeten vergeben. Domenics sichtbare Sympathie für Brian, welche er durch die immer stärkere Eingliederung Brians in die Aktivitäten des Teams zeigt, scheinen Vince zu verunsichern und führen ihn dazu, seine Position verteidigen zu wollen (vgl. 4/1, 6/3). Vince zeigt weniger Offenheit als Domenic, misstraut Brian und versucht ihn durch seine Feindseligkeit und Abwertungsversuche von der Gruppe fernzuhalten. Dies tut er durch die Verknüpfung Brians mit weiblichen oder homosexuellen Attributen (vgl. 1/4, 6/4). In Szene 1/4 kommt es zum ersten Aufeinandertreffen der beiden und damit zum ersten Konflikt. Das gesamte Team kommt ins Café, was in der Totalen gezeigt wird, um eine Übersicht über die Situation, Figuren und Verortung zu verschaffen. Vince und Leon unterstellen Brian, dass er sich Mia annähern möchte. Sie besprechen dies untereinander, geben sich dabei jedoch keinerlei Mühe dies zu verbergen, wodurch Brian ihr Gespräch mithört. Den passiv aggressiven Angriff ignoriert er und dreht sich weder um, noch reagiert er anderweitig, was seine Gleichgültigkeit und sein Selbstbewusstsein indiziert. Die Männer zeigen sich Mia gegenüber freundlich und beschützend und reagieren mit Ärger auf Brian. Im Hintergrund läuft leise das aggressive Lied *Watch Your Back*. Vince setzt sich langsam neben Brian während er ihn herausfordernd anschaut und spannungsgeladen eine Schüssel zu ihm herüberschießt. Er scheint sich selbstbewusst und machtvoll zu fühlen, da er auf die Rückendeckung des Teams zählen kann. Vince wird in Nahaufnahme, mit einem Über-Die-Schulter-Shot aus Brians Perspektive gezeigt, was seinen herausfordernden Gesichtsausdruck erkennbar macht. Mia bemerkt die Spannung und versucht die Situation zu entschärfen, hat aber keinen Erfolg. Brian zeigt sich von Vinces provokantem Blick unbeeindruckt und entscheidet sich zu gehen. Er verabschiedet sich von Mia mit der Phrase „bis morgen". Vince zeigt sich davon sichtlich irritiert. Nach kurzem Innehalten geht er Brian hinterher und schreit ihm nach. Er beschimpft ihn als „schwule Sau" und befielt ihm nicht mehr ins Café zu kommen. Brian reagiert gelassen und desinteressiert auf Vinces' Appell, wodurch er zeigt, dass er sich von Vince weder provoziert noch bedroht fühlt. Er geht zu seinem Auto und kehrt dem wütenden Vince den Rücken zu. Er kontert dessen Aussagen mit desinteressiertem Verhalten, mit welchem er sich über Vince lustig zu machen scheint. Durch seine Gelassenheit gelingt es ihm, sich in die machtvollere Position zu versetzen. Dies provoziert Vince weiter, was ihn dazu führt durch einen körperlichen Angriff Beachtung zu verlangen. Er schubst Brian und eine Schlägerei beginnt. Die Musik wird dabei auf einen Höhepunkt getrieben.

Im Laufe des Films verändern sich Brians Beziehungen stark. Zunächst sind die Polizisten seine Unterstützer und Weggefährten. Mit der Entscheidung für das Team wird die Polizei zum Gegner. Durch die Annäherung an Domenic und Mia werden diese zu Freund und Geliebten. Als auffliegt, dass Brian zur Polizei gehört, wird er wieder zum Außenseiter und das Team hält gegen ihn zusammen (12/6). Brian zeigt charakterliche und moralische Stärke, als er Vince in einer gefährlichen Aktion rettet (12/6), obschon dieser ihn von Anfang an schikaniert hat. So gelingt es Brian ein letztes Mal sich als den „größeren Mann" zu etablieren. In heterosozialen Beziehungen zeigt sich Brian respektvoll, aufmerksam und selbstbewusst.

4.4 Analyse der Darstellung von Emotionen

Brian erlebt zu Beginn des Films immer wieder Situationen der Demütigung und Herabwürdigung von Angehörigen der Rennszene. Er geht damit locker um und zeigt sich weder angegriffen noch beleidigt, sondern eher desinteressiert. Dies lässt ihn sein Gesicht wahren und Überlegenheit ausstrahlen. Brian zeigt selten emotionale Regungen und präsentiert sich meist mit ernstem, determiniertem Gesicht, welches durch seine zusammengezogenen Augenbrauen betont wird.

Die am häufigsten erlebte Emotion Brians ist Zorn. Diese empfindet er, wenn sein Auto nicht die Leistung erbringt, die er sich wünscht. (1/2, 2/3). Er äußert Zorn durch die Verzerrung des Gesichts und Flüche. Weiter ist er verärgert, wenn er sich persönlich angegriffen fühlt und seine Würde in Frage gestellt sieht. Dies passiert zum einen, als Vince ihn schubst und Domenic ihm befielt sich nicht mehr im Café blicken zu lassen (1/4), zum anderen als der Leiter des FBI den Fehlschlag bezüglich Johnny Trans Bande auf Brian schieben möchte (10/2). Er reagiert jeweils unterschiedlich, versucht aber mit jeder Reaktion seine Würde und damit seine Position in der sozialen Ordnung wieder einzunehmen oder zu verbessern. Dies ist die natürliche Funktion von Zorn. Sie dient der Herstellung einer persönlichen Gerechtigkeitsvorstellung und dem Zurechtweisen jener, die einem unerwünschtes Verhalten aufzeigen (Ekman 2007, S. 174). Außerdem zeigt er sich verärgert, wenn er die Ehre einer ihm nahestehenden Person angegriffen sieht. Dies passiert einmal durch den anstößigen Spruch eines Polizisten über Mia (8/1) und ein anderes Mal durch die Ermordung Jesses (13/2). Beide Male reagiert er schnell und mit starkem Ausdruck. Er drückt seinen Zorn und den Wunsch nach Vergeltung, durch körperliche Angriffe bzw. Schädigung des Angreifers, oder verbaler Attacken aus und schafft es damit für sich und seine Freunde wieder Gerechtigkeit herzustellen. Zorn besitzt eine ermächtigende Funktion, welche Aktivität fördert und hilft soziale Hierarchien und Gerechtigkeit wiederherzustellen. Es gibt zehn Szenen in denen Brian Zorn zeigt. Verachtung zeigt Brian hingegen nur in Szene 10/3, als er von einem Ferrari-Fahrer gedemütigt wird. Brian missfällt die abwertende und arrogante Aussage des Fahrers sehr. Um diesem seine Überlegenheit zu demonstrieren, messen sie sich in einem gefährlichen Straßenrennen.

Es gibt acht Szenen in denen Brians Freude zum Ausdruck kommt. Davon sind drei in der Interaktion mit Mia (vgl. 6/4). Für diese empfindet er Zuneigung, was er durch seine Worte, seine Körpersprache und sein Verhalten ihr gegenüber deutlich wird. Seine Äußerungen von Freude spiegeln sich in Mias Reaktionen. Weiter zeigt Brian in der Interaktion mit Domenic und seinen Freunden Freude (vgl. 6/3, 7/1). Durch diese drücken sie Sympathie füreinander aus und erleben gemeinsam freudige Momente. Dies sind wichtige Antriebsmomente sowohl für das Wohl des Individuums als auch für die Stärkung der Beziehung (Ekman 2007, S. 276f.). Außerdem zeigt Brian Freude, nachdem er Domenic im ersten Straßenrennen kurzzeitig überholt. Er wirkt dabei stolz und überheblich, was jedoch nicht lang anhält, da Domenic ihn zurechtweist (2/4).

Brian zeigt jeweils vier Mal Angst und Mal Überraschung. Dies geschieht meist in lebensgefährlichen Rennsituationen (vgl. 2/3, 9/3). Hierbei umgeht Brian die schützende Funktion von Angst und entscheidet sich dafür sich dieser zu stellen, statt sich aus der Situation zu entfernen. Eine weitere Szene in der er Angst zeigt, ist als Vince ihn beim Einbruch in Hectors Garage erwischt und ihn mit einem Gewehr bedroht (7/3) und als Domenic in der letzten Szene des Films mit einem LKW zusammenstößt. Er hat Angst um Domenics Wohlbefinden, wodurch dessen Wichtigkeit für ihn deutlich wird (13/3). Obschon Brian öfters in gefährliche Situationen gerät, zeigt er selten die Emotion Angst. Ekel und Traurigkeit werden in Brians emotionaler Welt nie gezeigt. Auch Misserfolge sind nicht im Repertoire von Brians emotionalen Erlebnissen. Er lehnt es ab,

Scheitern als solches wahrzunehmen und vermeidet die Auseinandersetzung damit meist durch Humor. Ähnlich wie er Misserfolge herunterspielt oder ignoriert, geht er auch mit seinen Erfolgen um. Diese werden auf keinerlei Art und Weise überhöht oder mitgeteilt (vgl. 12/6, 13/2).

4.5 Einordnung in die Männlichkeitstypen

Domenic repräsentiert in der Rennszene eindeutig hegemoniale Männlichkeit. Unterstrichen wird dies durch seine muskulöse Statur, sein Selbstbewusstsein sowie seine von Werten geprägte und machtbesetzte Rolle als Anführer des Teams. Er wird hoch angesehen und respektiert. Wenn dies einmal nicht der Fall ist, verdient er sich Respekt und Anerkennung durch verbale und physische Auseinandersetzungen oder durch Autorennen (vgl. 11/1). Domenic wird im Verlauf des Films immer wieder begehrend von Frauen angesehen und von Männern bewundert. Dies prägt auch seinen Umgang mit Frauen, welcher insbesondere im Beisammensein der männlichen Gruppenmitglieder, von objektivierender Rede geprägt ist (vgl. 4/1). Gegenüber Frauen, die ihm nahestehen, zeigt er sich in einer beschützenden jedoch auch dominanten Haltung (vgl. 9/1). Die Annahme, dass Frauen seines Schutzes bedürfen, weist dabei auf seine patriarchale Denkweise hin. Durch seine Siege in den Autorennen wird er als Held der Szene gefeiert und von Jugendlichen idolisiert, was ihm seinen hohen Status und strukturelle Macht verschafft (vgl. 2/3).

Brian O'Connor ist weniger eindeutig zuordenbar. Durch seine Bewegung in den beiden Parallelwelten der Polizei und der Renngangs, werden unterschiedliche Ansprüche hegemonialer Männlichkeiten an ihn gestellt. Zu Beginn ist Brian ein Außenseiter und steht außerhalb der Hierarchie des Teams. Er kann in der Rennwelt zuerst der untergeordneten und in Teilen der marginalisierten Männlichkeit zugeordnet werden. Er wird immer wieder verbal abgewertet, ausgelacht und kann bei den Autorennen nicht mithalten (vgl. 2/3). Seine Unterordnung zeigt sich immer wieder durch Beleidigungen die ihn als nichtzugehörig zur dominanten Gruppe der Rennszene darstellen, wie „Weißbrot" (2/1) oder „schwule Sau" (1/4). Auffällig ist der Kampf um die hierarchische Positionierung zwischen Brian und Vince, bei der es immer wieder zu Auseinandersetzungen kommt. Hierbei spielt die jeweilige Anerkennung, die die beiden von Domenic erhalten, eine große Rolle. Schlussendlich setzt sich Brian gegenüber Vince, auch aufgrund der Intensität der Freundschaft zu Domenic, durch. Interessant ist dabei, dass sich Brian kaum um diesen Posten zu bemühen scheint und sich trotz seiner (scheinbaren) Indifferenz gegenüber der Hierarchie durchsetzen kann. Im Laufe des Films gelingt es Brian Akzeptanz und Anerkennung vom Team zu erlangen. Parallel dazu beginnt der Aufstieg Brians zum komplizenhaften Typus und das Nachlassen untergeordneter Züge. Bis zur Offenbarung von Brians wahrer Identität, kann er als zweitrangige Figur des Teams angesehen werden.

Der Rest des Teams lässt sich ebenfalls dem komplizenhaften Typus zuordnen. Dabei zeigt sich innerhalb ihrer Komplizenschaft eine hierarchische Ordnung, an deren Spitze Brian und Vince stehen. Sie zeigen hohen Respekt vor Domenic und pflegen gleichzeitig tiefe Beziehungen zu ihm. Sie sind miteinander durch die gemeinsame Arbeit in der Autowerkstatt sowie die Leidenschaft für Autorennen verbunden. Dabei schneiden sie in Autorennen meist gut ab, können jedoch nicht mit Domenic mithalten. Sie hören auf ihn und vertrauen ihm blind. Ihre Komplizenschaft zeichnet sich durch ihre fehlenden hegemonialen Eigenschaften aus. Dennoch unterstützen sie diese Hegemonie und profitieren dabei von dem Respekt und der Anerkennung, die Domenic in der Rennszene für sie etabliert hat. Dies zeigt sich auch in ihrer Umgangsweise mit Frauen, die ihnen als Trophäen oder Objekte zur Erfüllung von Lust dienen (vgl. 2/3, 4/1).

5. Filmanalyse *Spider-Man* (USA 2002, R: Sam Raimi)

Die Spider-Man-Trilogie begann 2002 und wurde 2004 und 2007 abgerundet. Die Filme beruhen auf dem gleichnamigen Comic des US-amerikanischen Comicverlags Marvel. Der Actionfilm stieg mit 5,19 Millionen Kinobesucher*innen im Erscheinungsjahr auf Platz sechs der Kinocharts (FFA Filmhitliste). Es handelt sich um einen originären Jugendfilm, da Jugendliche im Handlungszentrum des Films stehen und jugendspezifische Themen wie das Erwachsenwerden, Liebe und Freundschaft behandelt werden. Im Film geht es um den Außenseiter Peter Parker, der auf einem Schulausflug von einer genetisch manipulierten Spinne gebissen wird. Hierdurch entwickelt er spinnenähnliche Superkräfte, die er zunächst benutzt, um die umworbene Mary Jane zu beeindrucken, Geld zu verdienen oder sich gegen seine Peiniger zu verteidigen. Nach dem Tod seines Onkels folgt er dem Ruf, Größeres zu vollbringen und setzt sich ab diesem Zeitpunkt für Gerechtigkeit in der Stadt New York ein. Hierbei kommt ihm sein Feind, der Green Goblin, immer wieder in die Quere. Im filmischen Verlauf zeigt sich mit der ‚Heldenreise' eine klassische Erzählstrategie, die in zahlreichen Hollywoodfilmen eingesetzt wird. Diese gliedert sich typischerweise in drei Teile. Zunächst wird die Hauptfigur in ihrer gewohnten Umgebung gezeigt. Daraufhin wird sie durch einen Fehler, Zufall oder Auftrag zum Abenteuer gerufen (Krützen 2004, S. 98). In Peters Fall ist dies seine Tatenlosigkeit, die zum Tod seines Onkels führt. Traditionell motivieren Geliebte, Schutzbefohlene oder Berater*innen die zunächst zögerlichen Held*innen dazu, den Auftrag des Abenteuers anzunehmen (Ebda, S. 177f.). Es kommt zur Trennung von der alten Rolle und zur Annahme der neuen, womit die zweite Phase der Erzählung beginnt (ab 7/4). In der zweiten Phase gelangt die Figur in die neue Welt und muss sich dabei neuen Herausforderungen und Gegner*innen stellen. Der Eintritt in die neue Welt gipfelt in einer besonders harten, existenziellen Prüfung. Dies stellt für Peter sein Eintauchen in die Rolle als Spider-Man dar. Es kommt zu einem Showdown beim Kampf gegen Green Goblin (ab 12/6). In der letzten Phase bewältigt die Figur die Herausforderung und kehrt in ihre alte Welt zurück oder wendet sich grundlegend von ihr ab (Ebda, S. 99). In Peters Fall wird durch die Übernahme der neuen Rolle Letzteres sichtbar. Die Erzählstrategie der Heldenreise bietet sich in Jugendfilmen besonders an, da sie mit dem Entwicklungsprozess in der Jugend verglichen werden kann (Barthelmes/Sander 2001, S. 51).

Peter agiert sowohl als Protagonist sowie als Erzähler seiner Geschichte. Hiermit fungiert er als Erzählinstanz, die entscheidet, was und wie etwas gezeigt wird. Dies schafft eine direkte Verbindung mit den und Ansprache der Rezipierenden, wodurch diese sich in das Geschehen involviert fühlen und sich der Figur Peter Parker von Beginn an sympathisierend nähern. In der ersten und vorletzten Szene des Films meldet sich Peter als homodiegetischer Ich-Erzähler aus dem Off-Screen und führt somit in die Erzählung ein und wieder heraus. Mary Jane, auch MJ genannt, kann durch ihre häufige Präsenz und die großzügigen Einblicke in ihre Lebensgeschichte als Hauptfigur bezeichnet werden. Sie ist die Nachbarin Peters, in die er seit der vierten Klasse verliebt ist (12/5). Aufgrund seiner Gefühle für sie, stellt sie für ihn ein Motivationszentrum dar. Sie wird durch den erzählenden Peter zur Hauptfigur der Geschichte ernannt, denn „jede erzählenswerte Geschichte handelt von einem Mädchen" (1/1). Eine weitere Hauptfigur stellt Norman Osborn dar. Dieser erhält durch einen misslungenen Selbstversuch zur Erweiterung des menschlichen Potenzials eine zweite Identität als Antagonist Spider-Mans: Green Goblin. Seine Motivation stellt das Erlangen von Ruhm dar, was ihn zu niederträchtigen Taten gegen die Menschheit bewegt. Relevante Nebenfiguren sind Peters Onkel Ben und seine Tante May, bei denen er aufwächst, sowie sein bester Freund Harry. Ben und May können als Gefährt*innen Peters bezeichnet werden. Sie stellen diese jedoch nicht im klassischen Sinne dar, da sie seine Erziehungsberechtigten sind. Sie fungieren als Orientierungshilfen für Peter auf dem Weg zum Mannwerden. Sie bestärken ihn darin, sich selbst treu zu bleiben, sich zu einem reifen Mann zu entwickeln und motivieren ihn dazu, Großes zu erreichen. Im Film lassen sich kaum feste Gruppen erkennen. Es gibt jedoch eine deutliche Aufspaltung in Gut und Böse, die durch Peter, seine Freund*innen und Familie im Widerstreit mit Green Goblin repräsentiert wird.

5.1 Analyse der Rolle

Peter Parker stellt den Protagonist, Erzähler und Held der Geschichte dar. Er hat als Figur die höchste Aktivität und Präsenz in den Szenen und fungiert als Handlungsantrieb. Peter Parker ist zu Beginn des Films circa 17 Jahre alt und steht kurz vor dem Schulabschluss. Er lebt bei seiner Tante May und seinem Onkel Ben, bei denen er aufgewachsen ist. Seine leiblichen Eltern scheint er nicht zu kennen und auch die Rezipierenden erfahren nichts über diese. In der Schule ist er ein Außenseiter und hat nur seinen besten Freund Harry. Der Film handelt vom Erlangen seiner Superkräfte und seinem Umgang damit. Die Handlung kann metaphorisch als Peters Entwicklung zum Mann und das Finden dieser Rolle verstanden werden. Zunächst legt er beim Erhalt seiner Kräfte unreifere Verhaltensweisen an den Tag, indem er sie benutzt, um Spaß zu haben oder sich gegen seine Peiniger zu wehren. Hierbei kommt es zu einer Schlüsselsituation, in der Peters Tatenlosigkeit für den Tod seines Onkels sorgt. Durch diesen dramatischen Verlust bemerkt Peter seinen moralischen Fehltritt. Er beginnt, den tieferen Sinn seiner Kräfte und die Verantwortung, die mit diesen einhergeht, zu verstehen. Zur selben Zeit beschäftigen Peter die Themen der ersten Liebe, Freundschaft, des Erwachsenwerdens und der Identitätsfindung.

Er verwandelt sich im Verlauf des Films zum klassischen Helden. Er setzt sich mutig und bereitwillig für das Wohl der Gemeinschaft ein und greift ein, wenn Ungerechtigkeiten passieren. Er erfüllt die Kriterien eines Helden, da er vorbildhaft agiert, bewundert wird, jeder Gefahr trotzt und dabei die Bereitschaft zeigt, Opfer zu bringen (Bröckling 2019, S. 4).

Vor dem Spinnenbiss sind Peters auffälligsten Fähigkeiten seine hohe Intelligenz und sein Talent für Naturwissenschaften. Nach dem Biss gewinnt Peter an körperlicher Stärke, Fitness und Agilität. Er erlangt die Fähigkeit Netze zu werfen, die vielseitig einsetzbar sind. Seine Sinne und Reflexe werden geschärft und er erhält einen sechsten Sinn für Gefahr. Sein Charakter ist geprägt von einer inneren Ruhe und emotionaler Stabilität. Dies zeigt sich durch die seltenen Wutäußerungen bei Ungerechtigkeiten und das große Potential von Selbstreflexion und Einsicht. Peter ist moralisch sehr überlegt, was ihn dazu antreibt seine Kräfte für das Wohl der Menschheit, statt für eigene Interessen einzusetzen. Weiter führt ihn dies dazu, die langersehnte Liebe zu Mary Jane nicht öffentlich zu erwidern und niemandem von seiner Existenz als Spider-Man erzählen, um seine Freunde und Familie nicht in Gefahr zu bringen. Hier zeigen sich sein Altruismus und seine Selbstlosigkeit. Weiter kann Peter als freundlich, höflich und liebevoll beschrieben werden. Sein Charakter verändert sich während des Films kaum, jedoch findet ein Reifungsprozess vom Jugendlichen zum Mann statt, während dem Peter selbstbewusster und verantwortungsvoller wird. Peter scheint drei Phasen dieser Reifung zu durchlaufen. Zunächst wird er als schwacher Außenseiter dargestellt, der in der Schule gehänselt wird und ein enges Verhältnis zu seiner Tante und seinem Onkel pflegt. Er wird als brav, schüchtern und selbstzweifelnd portraitiert. Mit dem Biss und den sich ereignenden Veränderungen übernehmen zunächst seine jugendlichen Triebe. Er wird selbstzentrierter, vernachlässigt dabei seine Aufgaben sowie die Beziehung zu Tante und Onkel und beginnt Geheimnisse vor ihnen zu haben. Mit dem Tod seines Onkels, der einen Weckruf für Peter darstellt, wandelt er sich erneut und beginnt damit, seine Fähigkeiten für das Gute einzusetzen. Er verändert sich sowohl in seiner Rolle als Spider-Man, als auch als Peter Parker und wird zunehmend selbstsicherer. Dabei scheinen ihm die Erfahrungen als Spider-Man, die ihm eine neue, starke Identität verleihen, zu helfen auch sein normalsterbliches Ich zu verändern.

Zunächst muss er lernen, mit den neu erlangten Fähigkeiten umzugehen und die Verantwortung für die Macht auf sich zu nehmen. Später wird es zu seiner Aufgabe, den Green Goblin, seinen Antagonisten, auf dessen Weg der Verwüstung und Zerstörung aufzuhalten. Über die Figur Spider-Man wird eine stark moralisierende Tendenz deutlich. Spider-Man zeigt den Rezipierenden die Bedeutung von richtig und falsch. Er stellt das Bestreben des Green Goblin nach Ruhm, Macht und Spaß als niedrige Ziele dar und verfestigt im Kontrast dazu seinen eigenen Handlungsweg, geprägt von Mut, Selbstlosigkeit und Gerechtigkeit, als den einzuschlagenden Weg. Er vermittelt den Wert der Selbstfindung, der Festigung der Identität und der Verantwortungsübernahme. Für seine große Liebe Mary Jane würde er alles tun, ebenso wie für die anderen Menschen in seinem Umfeld. Hierdurch vermittelt er die Werte Liebe, Freundschaft, Familie, Treue und Zusammenhalt. „Heldengeschichten sind weniger deskriptiv als präskriptiv; Heldenbilder zeichnen keine Abbilder, sondern entwerfen Vorbilder. Wer von Helden und ihren Taten spricht [...], will seine Adressaten [...] dazu bewegen, über sich hinauszuwachsen, zu kämpfen und Opfer zu bringen, nach Größe und außerordentlichen Leistungen zu streben, zumindest aber die Überlegenheit der Heroen in demütiger Verehrung anzuerkennen." (Bröckling 2019, S. 2) Peter stellt ein Männlichkeitsideal dar, das von den oben genannten Eigenschaften geprägt ist. Durch seine Rolle als Spider-Man werden jedoch auch Handlungsaktivität, Fitness und Agilität, Energie, Robustheit und Furchtlosigkeit zu Männlichkeitsidealen. Hierin zeigt sich der von Connell (2000a, S. 23) beschriebene Konflikt von kontrastreichen Anforderungen an Männlichkeit.

5.2 Analyse der physischen Darstellung

Peter durchläuft im Film aufgrund des Spinnenbisses eine optische Veränderung. Sein Körper wird gestärkt, was seine Muskulatur hervortreten lässt. Außerdem optimiert der Biss seine Körperfunktionen, weshalb er keine Brille mehr benötigt. Seine Verwandlung beginnt in Szene 3/1. Diese kann als Allegorie der pubertären Entwicklung betrachtet werden und zeigt die beginnende körperliche Verwandlung des jung aussehenden, schmächtigen Peters.

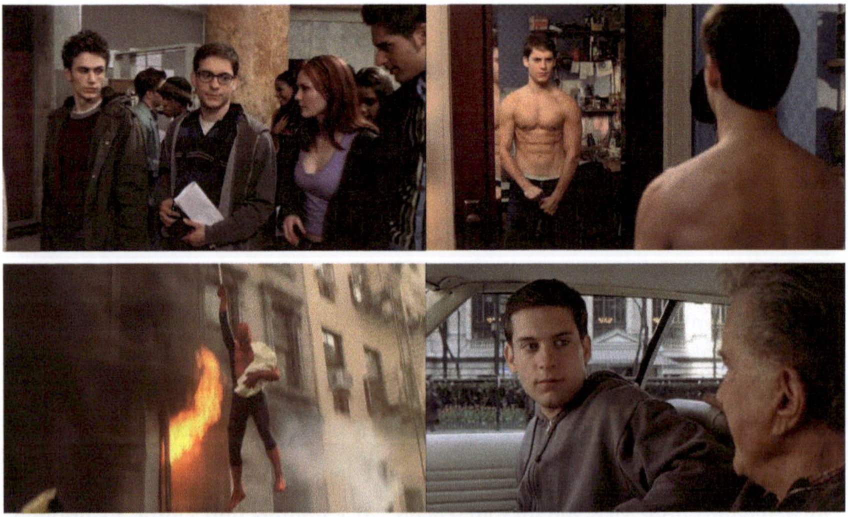

Filmstill *Spider-Man* (USA 2002; Sam Raimi), Quelle: Netflix

Peter Parker wird im Film von dem Schauspieler Toby Maguire dargestellt. Er durchläuft darin drei Versionen seiner selbst: Vor dem Biss (oben links), nach dem Biss als er selbst (rechts) und in seiner Identität als Spider-Man (unten links). Sein Körperbau ist zunächst eher schmal mit herabfallenden Schultern. Im Vergleich zu einigen seiner Mitschüler, wirkt Peter sehr jung, unreif und damit weniger als „Mann". Durch den Spinnenbiss beginnt sich sein Körper zu verwandeln, wodurch seine Muskulatur stärker hervortritt. Er erscheint daraufhin stärker und härter, was jedoch kaum eine Veränderung an seinem Körperbau mit sich zieht. Peter wirkt im Vergleich zu anderen Männern in seiner Umgebung und auch neben MJ eher klein (oben links). Seine Körperhaltung ist zwar aufrecht aber steif, wodurch er Unbehagen und Unsicherheit ausstrahlt. Durch die mangelnde Verwendung von Gestik strahlt er Ruhe und Verhaltenheit aus. Er hat sehr helle Haut und dunkelbraune Haare, die ihn noch blasser erscheinen lassen. Seine Haare sind dicht und glatt und er trägt sie stark nach rechts gekämmt, so dass sie ihn ordentlich und vernünftig wirken lassen. Er trägt keinen Bart. Sein Gesicht ist oval mit markantem Unterkieferknochen. Sein Hals ist lang und schmal. Er hat leicht abstehende ein wenig unterschiedliche Ohren. Über seinem Kinn erstrecken sich die schmalen roten Lippen. Seine großen blauen Augen liegen eher eng beieinander und haben eine doppelte Lidfalte. Darüber erstrecken sich schmale, dunkle Augenbrauen und die hohe Stirn, die an den definierten, eckigen Haaransatz grenzt. Seine Nase ist gerade und wird zum Nasenende leicht wulstig.

Bezüglich seiner Kleidung lassen sich die Episoden als Peter und als Spider-Man unterscheiden. Vor dem Biss trägt Peter eine eckige Brille mit dickem, schwarzem Rahmen, die er danach nicht mehr benötigt. Sein Kleidungsstil kann als durchschnittlich und unscheinbar, jedoch auch altersentsprechend beschrieben werden. Meist trägt er Jeans und Turnschuhe mit T-Shirt und Pullover in unauffälligen Farben. Zu seltenen Anlässen trägt er Hemd und Krawatte, die er mit einer Anzughose und Turnschuhen kombiniert. Dies zeigt Peters geringes Interesse für Mode oder sein mangelndes Auge für Ästhetik sowie seinen Wunsch nicht aufzufallen. Als Spider-Man trägt er ab Szene 7/5 jederzeit dasselbe Kostüm. Dieses ist enganliegend und scheint aus einem elastischen Stoff geschneidert zu sein. Es ist rot und blau und erregt damit Aufmerksamkeit. Es zieht sich über seinen kompletten Körper und Kopf, so dass er nicht erkannt werden kann. Über den roten Teil des Kostüms zieht sich das Muster eines Spinnennetzes, welches zwischen den Augen entspringt. Auf der Brust zeigt sich eine silberne Abbildung einer Spinne und auf dem Rücken eine vergrößerte rote Spinne. Dazu trägt er rote, hautenge Stiefel. Die Auffälligkeit des Kostüms zeigt Peters erhöhtes Selbstbewusstsein in seiner Rolle als Spider-Man. Der Anzug erlaubt ihm, seine Identität als Peter Parker zu verstecken und eine neue, optimierte Version seiner selbst auszuleben. Hierbei zeigt sich auch der innere Wandel Peters: Durch seine Körpersprache als Spider-Man, welche Offenheit, Lockerheit und Selbstbewusstsein durch große Bewegungen und machtvolle Posen ausdrückt, vermittelt er eine neue Selbstsicherheit.

5.3 Analyse der Beziehungen

Peter zeigt sich zu Beginn umgeben von wenigen, jedoch engen Beziehungen. Hierzu zählen sein Freund Harry sowie seine Tante May und Onkel Ben. Im Verlauf des Films entwickelt sich eine Freundschaft zu seiner Angebeteten Mary Jane, die ihm in der letzten Sequenz des Films ihre Liebe gesteht. Trotz enger und positiver Beziehungen weiht er keine seiner Bezugspersonen in sein Geheimnis ein, was ihm die alleinige Auseinandersetzung mit der Rolle als Spider-Man überlässt. An dieser Aufgabe wächst er über sich selbst hinaus und findet sich eigenständig in seine neue Rolle und das Mannwerden ein. Die letzte Person zu der er in einem wichtigen Verhältnis steht, ist der Green Goblin. Er stellt den Antihelden der Geschichte und damit den Gegenspieler Spider-Mans dar.

Heterosoziale Beziehungen: Die wichtigsten heterosozialen Beziehungen stellen die zu seiner Tante May und zu der Mitschülerin und Nachbarin Mary Jane (MJ) dar. May zeigt sich fürsorglich und liebevoll im Umgang mit Peter. Dabei intensiviert der Tod seines Onkel Bens die Beziehung der beiden und übergibt Peter symbolisch die Verantwortung für seine Tante. Diese unterstützt ihn darin, seine Träume zu verwirklichen und seine wahre Identität auszuleben. Sie stellt eine der wichtigsten Bezugspersonen Peters dar, was in Szene 7/3 sichtbar wird. Peter sitzt weinend in seinem Zimmer als May sich zu ihm aufs Bett setzt. Während der kompletten Szene läuft im Hintergrund leise, ruhige und melancholische Musik. May beobachtet Peter kurz und nähert sich ihm dann langsam. Peter wird in der Halbnahen gezeigt, was sowohl sein trauriges Gesicht sowie May im Hintergrund sichtbar werden lässt. May setzt sich eng neben und leicht hinter Peter aufs Bett, wodurch er im Fokus der Aufmerksamkeit bleibt. Peter vertraut ihr an, dass er seinen Onkel sehr vermisse und dass er ein schlechtes Gewissen wegen ihrer letzten Interaktion habe. Dies zeigt die Vertrauensbasis zwischen den beiden. May reagiert empathisch, mitfühlend und ermutigt Peter, sich auf die Liebe zu konzentrieren die zwischen ihm und seinem Onkel bestand. Dabei greift sie ihn sanft an den Schultern und baut dadurch Nähe auf. Sie spricht ermutigend auf Peter ein und sagt, dass sein Onkel ihn sehr geliebt habe und nie an dem Mann gezweifelt habe, der Peter einmal werden würde. May greift dabei das Thema des Mannwerdens auf, welches sie mit dem Appell an Peter beendet, dass es seine Aufgabe sei, Großes zu vollbringen. Sie sieht ihn liebevoll an, während Peter weiter geradeaus blickt. Sie äußert mit Gewissheit, dass Peter seinen Onkel nicht enttäuschen werde und zeigt damit ihren Glauben an Peter und seine Fähigkeiten. Mit einem ermutigenden Lächeln und einem Schulterdrücken lässt sie Peter wieder alleine. Die Musik wird lauter und Peters Augen weiten sich mit dem neuen Mut, den er durch Mays Zuspruch gefasst hat. In zwei Szenen zeigt sich die große Bedeutung, die May für Peter hat. Sie ist richtungsweisende Figur, Schutzbefohlene und Mentorin. Sie treibt ihn an, die beiden großen Aufgaben in seinem Leben anzugehen: Die Gestaltung seiner Zukunft in seiner Rolle als Spider-Man und dem Nachgehen seiner Gefühle für Mary Jane (12/6).

Mary Jane stellt die wichtigste heterosoziale Beziehung Peters dar. Peter ist seit der vierten Klasse in sie verliebt und es gibt niemanden in seinem Leben, der ihm mehr bedeutet (12/5). Zuerst ist seine Beziehung zu ihr einseitig. Sie beachtet ihn nicht und scheint ihn kaum zu kennen, obwohl die beiden seit Jahren Nachbar*innen sind. Die ersten Interaktionen sind von ihm fingierte Gespräche mit ihr, oder die Vorstellung, dass sie ihm zuwinkt (1/2, 4/2). Dies zeigt seine große Bewunderung für sie, die in ihm Schüchternheit und Selbstzweifel auslöst. MJ kommt aus einem schwierigen familiären Umfeld, in dem sie regelmäßig von ihrem Vater gedemütigt wird. Dies bringt sie mitunter dazu, sich immer wieder in unbefriedigende Beziehungen mit Männern zu flüchten. Ihre schnell wechselnden Gefühle lassen sie emotional instabil wirken und durch die vielen Rettungsaktionen Spider-Mans wird sie als schutzbedürftig wahrgenommen. Im Verlauf des Films ist sie zuerst mit Flash Thompson, dann mit Harry zusammen. Später behauptet sie in Spider-Man verliebt zu sein und gesteht zuletzt Peter ihre Liebe. Die primäre Ignoranz zwischen den beiden verwandelt sich nach dem Schulabschluss bald in eine Freundschaft. Auch MJ ermutigt Peter dazu er selbst zu sein. In der vorletzten Szene des Films (13/2), kommt MJ zu Peter an das Grab seines Onkels. Dies sieht man aus der Vogelperspektive. Sie geht auf ihn zu und umarmt ihn lange. Dabei spricht sie empathische Worte über seinen Onkel, woraufhin Peter sein Leid mit ihr teilt. Mary Jane löst sich aus der Umarmung und wendet sich an Peter. Ihre Stimmung scheint bedrückt und sie spricht leise und langsam. Die Gesichter Peters und MJs werden über die Schulter des jeweils anderen in Nahaufnahme gefilmt, was die Wahrnehmung aus deren Perspektive nachvollziehen lässt. Als MJ Peter ihre Liebe gesteht, beginnt sie zu lächeln und streichelt seine Wange. Im Hintergrund beginnt langsame, bewegende Musik zu spielen. Daraufhin lächelt auch Peter, der dies nicht zu glauben können schient. MJ betont, dass Peter der einzige Mann sei, der immer für sie da war, sie akzeptiert habe und ihr gezeigt hat, dass sie mehr sein kann als sie selbst glaubte. Die Betonung MJs, dass Peter ein Mann sei, veranschaulicht die Vollendung seines Reifungsprozesses. Außerdem wird deutlich, dass Peter sie durch seine fürsorgliche, liebevolle und wertschätzende Art viel stärker beeindrucken konnte als ihre Ex-Freunde. Diese galten lange Zeit als Peters Vorbilder, bei seinen Überlegungen wie er MJ beeindrucken könnte. Nach deren Beispiel wollte er sie durch ein Auto, Geschenke und Status zu beeindrucken. Durch sein Unvermögen ihr dies zu bieten, schenkte er ihr authentisches Interesse und vermittelte ihr die bedingungslose Annahme ihrer Person. Dies entpuppte sich als wirksamere Methode, um ihr Herz zu gewinnen. Gleichzeitig präsentiert er damit einen für jeden möglichen Weg, eine Frau zu erobern. Die Musik erreicht einen Höhepunkt, als Mary Jane Peter sagt, dass sie ihn liebt und ihn schließlich küsst. Auch die Kamera nähert sich weiter, um die Gesichter fortan in Großaufnahme zu zeigen, was einen verstärkten Fokus auf die erlebten Emotionen setzt. Mit Peters Rückzug aus dem Kuss schwillt die Musik wieder ab. MJ zeigt sich verwirrt und traurig. Die Rezipierenden hören aus dem Off-Screen den Gedanken Peters, MJ ebenfalls seine Liebe gestehen zu wollen. Stattdessen sagt er ihr, dass er ihr nicht alles erzählen könne. Die beiden bleiben eng beieinander stehen und schauen sich während des Gesprächs in die Augen. Peters Gesicht bleibt regungslos, während er MJ verspricht, immer auf sie aufzupassen und als Freund für sie da zu sein. Er weiß, dass er MJ nicht von seiner Identität als Spider-Man erzählen kann, da er sie damit gefährden könnte. MJ ist traurig und enttäuscht über Peters Vorschlag einer Freundschaft. Auch Peters Augen werden feucht, was zeigt wie schwer ihm diese Entscheidung fällt. Er wendet sich ab und lässt MJ weinend zurück. Peter lehnt hier die lang ersehnte Liebe Mary Janes ab und zeigt damit seine Bereitschaft, Verantwortung zu übernehmen und Opfer zu bringen, um MJ nicht zu gefährden. Er wird dadurch zum Helden der Geschichte. Durch die Hilfsbedürftigkeit Mary Janes und die abschließende Ablehnung ihrer Liebe durch Peter stellt sich eine klare Hierarchie zwischen den beiden dar.

Homosoziale Beziehungen: Die wichtigste homosoziale Beziehung pflegt Peter zu seinem Onkel Ben, sie stehen in einem engen und positiven Verhältnis zueinander. Ben stellt sich nicht nur als Bezugsperson, sondern auch als Mentor Peters heraus. Er ist sehr reflektiert und ihm liegt viel daran, die Beziehung zu Peter zu pflegen, weshalb er in Szene 5/4 das Gespräch mit ihm sucht. Die Unterhaltung findet in Bens Auto statt, wo die beiden nebeneinander auf den Vordersitzen sitzen. Dies wird durch eine Außensicht in der Totalen gefilmt. Die Kamera liegt während des Gesprächs meist über den Schultern der beiden oder zeigt ihre Gesichter in Großaufnahme. Dies lässt sowohl die Sicht beider als Sender und Empfänger der Botschaften sowie den Fokus auf Emotionsausdrücke zu. Beide werden auf gleicher Höhe zueinander gezeigt, was eine gleichberechtigte Einfühlung in beide Lagen erlaubt. Als das Auto hält, bedankt sich Peter und möchte aussteigen. Ben legt die Hand auf Peters Sitz, als symbolische Geste ihn dabehalten zu wollen und Nähe zu schaffen. Peter möchte dem Gespräch ausweichen und zeigt sich genervt. Die beiden sitzen einander zugewandt, wobei Ben Peter oft in die Augen schaut. Ben beginnt über Peters Veränderung zu sprechen und äußert sich besorgt. Er habe das Gefühl den Kontakt zu Peter zu verlieren. Ben versucht Peter gegenüber mitfühlend zu sein, indem er bestätigt, dass auch er in diesem Alter Veränderungen durchlebt habe. Peter weist den Versuch der Empathie ab und zeigt damit jugendtypisches Verhalten. Ben spricht ruhig mit Peter und macht ihm klar, dass er am Wendepunkt zum Mannsein steht. Jetzt habe er die Gelegenheit zu entscheiden, „was für ein Mann er für den Rest seines Lebens sein will". Er gibt ihm den Rat aufzupassen, in wen er sich verwandele. Peter nimmt während des Gesprächs eine verteidigende Haltung ein und weist die Ratschläge seines Onkels ab. Ben zeigt Peter im Gespräch moralische Richtlinien von richtig und falsch auf und sagt ihm, dass „aus großer Kraft [...] große Verantwortung [folgt]." Peter weist seinen Onkel und seine moralisierende Rede zurück und befiehlt ihm aufzuhören sich zu sorgen. Die Bedeutung dieser Worte und die Wichtigkeit die Ben für Peter hat, wird erst später sichtbar als Ben stirbt. Seine Worte hallen in Peters Erinnerung nach und leiten ihn fortan in seinem Handeln. Peter bestätigt seine Veränderung, versichert jedoch die Dinge alleine lösen zu können. Er beendet das Gespräch mit leicht erhobener Stimme und brüskiert seinen Onkel mit der Aussage er solle aufhören so zu tun als wäre er sein Vater. Traurige Musik setzt im Hintergrund ein, als Ben sich nickend und gekränkt wegdreht. Dieser Dialog ist der letzte zwischen Peter und seinem Onkel. Die Erinnerung daran und sein abweisendes Verhalten lösen in Peter später starke Schuldgefühle aus (7/3). Die Aussage, dass Ben nicht sein Vater sei, nimmt Peter später im Beisein des Green Goblins zurück (12/9). Die Ermordung Bens findet vor der Bibliothek statt, als Ben Peter abholen möchte. Zu diesem Zeitpunkt bekämpft Peter Ungerechtigkeit mit Rache und erzeugt dadurch weitere Ungerechtigkeit. Als Peter erfährt, dass er den Mörder seines Onkels hätte aufhalten können, macht er sich große Vorwürfe. Er bemerkt dadurch, dass er auf die falsche Bahn geraten ist und erinnert sich an die Worte seines Onkels (vgl. 13/2). Er beschließt Ben stolz zu machen sowie seine eigenen Werte wiederzufinden und setzt sich ab diesem Zeitpunkt für Gerechtigkeit in der Stadt ein (7/4).

Eine weitere homosoziale Beziehung pflegt Peter zu seinem besten Freund Harry. Da die Beziehungsqualität der beiden im Film kaum thematisiert wird, wird auf eine detaillierte Szenenanalyse verzichtet. Die Beziehung der beiden scheint sehr eng zu sein, da Harry Peter am Ende des Films als seine Familie bezeichnet (13/1). Die beiden ziehen nach dem Schulabschluss gemeinsam in eine Wohnung in Manhattan. Harry zeigt sehr gegensätzliche Charaktereigenschaften zu denen Peters. Während Peter versucht sich mit Jobs durchzuschlagen, um die Wohnung und das College zu finanzieren, wird Harry großzügig durch seinen wohlhabenden Vater unterstützt. Er ist weniger intelligent und eigenverantwortlich als Peter, was diesem die Anerkennung von Norman, Harrys Vater einbringt. Harry sehnt sich stark nach dieser Anerkennung, was ein Ungleichgewicht in der Beziehung darzustellen scheint. Zu Beginn steht Harry in der Hierarchie über Peter. Dies zeigt sich in seinen Versuchen, Peter gegenüber seinen Peinigern zu verteidigen und auch in der materiellen Hierarchie zwischen den beiden. Dabei wird deutlich, dass Geld für Harry ein Mittel zur Lösung fast aller Probleme darstellt. Harry setzt hohe Ansprüche an sich und seine Umwelt, um wiederum den Ansprüchen seines Vaters zu entsprechen. Als er mit Mary Jane zusammenkommt, hintergeht er Peter, obwohl er von Peters Liebe für sie weiß. Harry weiß, dass sein Handeln eigennützig und egozentrisch ist, was ihn jedoch nicht davon abhält, seine eigenen Bedürfnisse und Wünsche über die seines besten Freundes zu stellen. Dies kann als Versuch gedeutet werden, die Ungleichheit zwischen ihm und Peter ausgleichen. Die Beziehung der beiden wird zum Ende des Films getrübt, als Harry Spider-Man beobachtet, wie er den toten Körper seines Vaters nach Hause bringt. Er macht diesen daraufhin für dessen Tod verantwortlich und schwört ihm Rache. Er weiß nicht, dass es sich bei Spider-Man um seinen besten Freund handelt und sein Vater eine doppelte Identität hatte.

Die letzte relevante homosoziale Beziehung zeigt sich zwischen Peter in seiner Rolle als Spider-Man und seinem Feind Green Goblin. Norman Osborn entwickelt aufgrund eines Selbstversuchs eine zweite Persönlichkeit als mächtiger Bösewicht Green Goblin. Diese scheint für ihn unkontrollierbar und verdrängt seine ursprünglichen Charakterzüge mit der Zeit mehr und mehr. Norman erinnert sich meist nur ausschnitthaft an seine Taten als Green Goblin. Die Identität des Green Goblin stellt die dunkle Seite Normans dar und übernimmt die Kontrolle über Norman, um dessen dunkelste Wünsche zu erfüllen. Zunächst versucht sich Norman gegen seinen Schatten zu wehren, verliert sich jedoch bald in dem Wunsch nach mehr Macht. Spider-Man kommt dem Green Goblin in die Quere, da er stets zur Stelle ist, wenn dieser Chaos und Verwüstung stiftet. Dem Green Goblin wird schnell klar, dass auch Spider-Man sehr mächtig ist und er diesen braucht, um seiner Macht Totalität zu verleihen. Der Charakter Green Goblins steht im deutlichen Kontrast zu dem Spider-Mans, dessen Heldenhaftigkeit dadurch nur weiter betont wird. Als klassischer Antagonist stellt der Green Goblin all das dar, was Spider-Man nicht sein möchte. Hierdurch fordert er ihn heraus und zwingt ihn zur Verfestigung seiner Identität, um sich von dem „Bösen“ abzugrenzen. Der Green Goblin stellt Spider-Man immer wieder auf die Probe, versucht ihn zu manipulieren und später, aufgrund seiner mangelnden Kooperation, zu zerstören. Er zielt dabei auf Spider-Mans scheinbar einzige verwundbare Stelle, sein Herz, indem er versucht die Menschen zu verletzen, die Peter am nächsten stehen. Er zwingt ihn dadurch, über seine geistigen und körperlichen Fähigkeiten hinauszuwachsen, was Spider-Man letztendlich im Showdown, durch den Sieg gegen Green Goblin gelingt. Green Goblin stellt neben Flash Thompson und dem Mörder seines Onkels, den dritten und stärksten Antagonisten Peters dar. Erst durch diesen Gegner lernt Peter den richtigen

Umgang mit seinen Kräften, wächst über sich hinaus und sorgt so für ein Happy End.

In homosozialen Beziehungen besitzt Peter meist weniger Macht als in heterosozialen. Ben steht als sein Mentor und Erziehungsberechtigter hierarchisch über ihm, ebenso wie sich sein Freund Harry, über ihn stellt. Peters Verweigerung ihm zu widersprechen oder ihn auf Ungerechtigkeiten hinzuweisen, zeigt seine Unterwerfung. Auch gegen Green Goblin muss er lange kämpfen, bis es ihm gelingt, ihn zu besiegen. In heterosozialen Beziehungen trägt Peter, insbesondere zum Ende des Films, viel Verantwortung und sorgt für das Wohlergehen von Mary Jane und May. Hierdurch steht er hierarchisch über ihnen. Dass seine beschützende Art nur gegenüber Frauen hervortritt, kann als Darstellung von benevolentem Sexismus angesehen werden.

5.4 Analyse der Darstellung von Emotionen

Die Analyse der Emotionsdarstellung begrenzt sich im Wesentlichen auf die Person Peters, da aufgrund der Maskierung Spider-Mans kaum emotionale Regungen zu beobachten sind. Peter zeigt ein vielfältiges Ausleben seiner Gefühle und Emotionen. Es gibt bei ihm keine emotionalen Tabus und er besitzt einen sehr reifen und offenen Umgang mit seinen Emotionen. Die einzigen Emotionen, die er nicht zeigt, sind Ekel und Verachtung. Dies zeugt von seiner gutmütigen Art und dem fehlenden Verlangen sich in seiner sozialen Rangordnung zu profilieren.

Die am häufigsten geäußerte Emotion Peters ist Freude. Dies macht ihn zu einem sympathischen und bodenständigen Charakter. Freude zeigt er oft im Umgang mit anderen, insbesondere mit Mary Jane, was seine Zuneigung zu ihr sichtbar macht. Er freut sich über die Errungenschaften anderer (8/2), über

Witze, was seinen Sinn für Humor deutlich werden lässt (1/3) oder über seine eigenen Erfolge (4/6). Durch das hohe Maß an Freude erscheint er als emotional ausgeglichene Figur. Die zweithäufigste Emotion Peters ist Überraschung. Diese erlebt er durch die vielen bedrohlichen Situationen, in die er sich begibt und durch die Entdeckung der zunächst unbekannten Fähigkeiten seines Körpers (vgl. 4/2). Peter zeigt Angst in Situationen, in denen er seine Fähigkeiten noch nicht gut genug einschätzen kann und sich selbst in Gefahr sieht (vgl. 4/6). Weiter zeigt er Angst, als er befürchtet, sein Onkel oder seine Tante könnten sterben (6/3, 12/2). Hier kommen seine emotionale Bindung gegenüber den beiden sowie seine Verletzlichkeit zum Ausdruck. Auch in unbekannten Situationen, in denen er keine Handlungsmöglichkeiten sieht, empfindet er Angst. Dies zeigt sich bspw. bei dem Spinnenbiss (2/1) oder vor dem Kampf mit dem wütenden Flash (4/5). Mit der Zunahme der Kontrolle über seine Fähigkeiten verringert sich Peters Angst, außer wenn er seine Geliebten in Gefahr sieht.

Eine selten gezeigte Emotion Peters ist Zorn. Sein Zorn richtet sich allein gegen zwei Menschen: Den Mörder seines Onkels (6/3, 6/5) und Green Goblin, als dieser Menschen töten will (vgl. 9/5). Dies zeigt Peters Wunsch nach Gerechtigkeit und seine Aversion gegen das Egoistische und Böse. Der Zorn löst in ihm die Entschlossenheit aus, sich gegen seine Widersacher durchzusetzen. In Szene 6/3 verwandelt sich Peters Trauer um den vor seinen Augen verstorbenen Onkel in Zorn. Dies hilft ihm handlungsaktiv zu werden und er startet den Versuch Gerechtigkeit wiederherzustellen (Ekman 2007, S. 174). Trauer zeigt Peter in zwei weiteren Situationen, die jeweils mit dem Tod seines Onkels zusammenhängen. Dabei gelingt es ihm in Szene 7/3, mit seiner Tante offen über seine Trauer zu sprechen, welche ihn schlussendlich zur Handlung motiviert. Erfolge und Niederlagen spielen in Peters Leben eine geringe Rolle, da er diese emotional unbeachtet lässt. Auffällig ist, dass Peter zum einen viel mehr Erfolge wie Misserfolge erlebt und zum anderen, dass die Misserfolge zum größten Teil vor dem Erlangen seiner neuen Fähigkeiten stattfinden. Die vier ersten Niederlagen, die er erlebt, finden jeweils im schulischen Kontext statt und veranschaulichen seine Außenseiter- und Opferrolle. Peter reagiert auf die Manipulationen seiner Mitschüler nicht. Es lässt sich vermuten, dass er dies unterlässt, weil er keine Möglichkeit sieht, sich dagegen zu wehren (vgl. 1/1). Erfolge erlebt Peter zum ersten Mal mit dem Erlangen seiner neuen Kräfte (vgl. 4/4, 4/5). Durch seine Intelligenz erlangt er einen Schulabschluss mit Auszeichnung (7/1). Im weiteren Verlauf verwendet Peter seine Kräfte, um Gerechtigkeit zu schaffen und erzielt dauerhafte Erfolge (vgl. 7/5, 9/2). Auffällig ist ebenso, dass Peter nach der Akzeptanz seiner Rolle als Spider-Man und der damit einhergehenden Reifung zum Mann die Emotionen Trauer und Angst beinahe hinter sich lässt. Dadurch wird eine Konnotation von Mannsein mit emotionaler Beherrschung deutlich.

5.5 Einordnung in die Männlichkeitstypen

Die erste Darstellung hegemonialer Männlichkeit zeigt die Randfigur Flash Thompson. Er ist ein Klassenkamerad von Peter und Harry und ärgert diese. Seine hegemoniale Stellung wird an seiner mächtigen Position in der Schulkasse deutlich. Er ist mit dem begehrtesten Mädchen der Klasse (Mary Jane) zusammen, um die er stets lässig seinen Arm gelegt hat. In homosozialen Beziehungen erscheint er dominant. Er ist der Anführer einer Gruppe von Jungen, die ihn bei seinen Vorhaben unterstützen. Insbesondere gegen Peter demonstriert Flash seine physische Kraft und Überlegenheit, indem er ihn immer wieder sabotiert. Die ausbleibende Reaktion Peters kann hier als weitere Bestätigung von Flashs Macht gesehen werden, gegen die Peter sich zunächst nicht vorzugehen traut. Peter befindet sich zu diesem Zeitpunkt in der Situation des untergeordneten Typus. Er wird von seinen Mitschülern ignoriert oder gedemütigt, was ihn auf die niedrigste Stufe der innergeschlechtlichen Hierarchie stellt. Sein Freund Harry kann als komplizenhaft eingeordnet werden. Harry ist deutlich selbstbewusster als Peter und hat insbesondere durch seinen reichen und mächtigen Vater Vorteile. Er selbst erfüllt nicht die Kriterien der Hegemonie, spielt dieser jedoch zu und wird damit nicht zum Opfer Flashs. Harry kommt im Verlauf des Films ebenfalls mit Mary Jane zusammen, gegenüber der er sich kontrollierend und kritisierend verhält (9/2). Dies zeigt seine Dominanz in heterosozialen Beziehungen. Die Tatsache, dass er sich mit Mary Jane liiert, obwohl sein Freund Peter in sie verliebt ist, zeigt seine Rücksichtslosigkeit und Dominanz gegenüber Peter. Mit dem Abschluss der High-School und der einsetzenden Verwandlung, entfernt sich Peter vom untergeordneten Typus. Er wird nicht länger belästigt und gewinnt neues Selbstbewusstsein. Zuletzt wird er von Mary Jane geliebt und bewundert. Dennoch weist er sie als Geliebte ab und demonstriert durch seine Entscheidungsmacht Dominanz. In heterosozialen Beziehungen lernt er es, seine Interessen zu äußern und sich durchzusetzen. In seiner Rolle als Spider-Man kann er als hegemonial eingeordnet werden. Er erhält sowohl von Frauen als auch Männern Bewunderung für seinen Mut und seine Heldentaten. Er ist den Normalsterblichen aufgrund seiner körperlichen Fähigkeiten weit überlegen, was er in Situationen von Ungerechtigkeit zeigt. Weiter tritt er mehrmals als Mary Janes Beschützer auf, wodurch sie als Schutzbedürftige und er als ihr Retter portraitiert wird. Mit der beginnenden Kritik an Spider-Man durch die Medien, wird seine Hegemonie jedoch in Frage gestellt.

Norman Osborn, Harrys Vater, Wissenschaftler und Gründer der erfolgreichen Firma Oscorp, kann in seinen Kreisen ebenfalls als hegemonialer Männlichkeitstypus eingeordnet werden. Er besitzt einen hohen sozialen Status und Anerkennung durch das viele Geld, das er mit seiner erfolgreichen Firma verdient hat. Er genießt den hohen Respekt seines Sohnes, der versucht seinen Vater zu beeindrucken. Norman weigert sich den Anweisungen anderer zu folgen (vgl. 11/2). Seine große Macht zeigt sich auch darin, dass er durch seine Kontakte beinahe alles möglich machen kann (vgl. 8/3). Seine Hegemonie wird jedoch beendet, als er vom Vorstand aus der Firma entfernt werden soll. In seiner Rolle als Green Goblin verbleibt er in der Position der Hegemonie, die zuletzt jedoch von Spider-Man beendet wird. Der Kampf zwischen Spider-Man und Green Goblin kann als Kampf zwischen zwei hegemonialen Männern betrachtet werden, die nicht zur selben Zeit im selben Kreis existieren können. Durch den Sieg Spider-Mans wird Green Goblins Leben und mit diesem auch sein hegemonialer Status beendet.

Onkel Ben wird nur in der Beziehung zu seiner Frau und Peter dargestellt, was seine Einordnung schwierig macht. Die Beziehung zu seiner Frau wirkt harmonisch und egalitär, was die Dominanz einer Hegemonie abweist. In der Beziehung zu Peter hat er als Erziehungsberechtigter und Mentor anteilige Macht und Einflussmöglichkeit. Er scheint in dieser Hinsicht hierarchisch über Peter zu stehen. Der Verlust seiner Arbeitsstelle führt zum Sinken seines sozialen Status. Aus den vorliegenden Informationen kann eine grobe Einordnung Bens in die untere Schicht der komplizenhaften Männlichkeit oder der Unterordnung erfolgen.

6. Filmanalyse *Guardians of the Galaxy* (USA 2014, R: James Gunn)

Die Filmreihe *Guardians of the Galaxy* begann 2014 und wurde 2017 fortgesetzt. Beide Teile schafften es auf Rang neun der meistbesuchten Kinofilme ihres jeweiligen Erscheinungsjahres, wobei der erste Teil 1,8 Millionen und der zweite Teil 2,5 Millionen Kinobesucher*innen anlockte (FFA Filmhitliste). Ein dritter Teil steht noch aus. *Guardians of the Galaxy* ist ein Science-Fiction-Spielfilm, der auf den Marvel-Comics beruht. Der Film dreht sich um Peter Quill, der sich nach dem Diebstahl einer mysteriösen Kugel plötzlich inmitten einer unerbittlichen Jagd nach dieser (dem Orb) wiederfindet. Auch der fanatische Bösewicht Ronan hat es darauf abgesehen, den Orb an sich zu reißen und damit den Planeten Xandar zu zerstören. Schicksalhafte Begegnungen mit dem Waschbären Rocket, dem Baummenschen Groot, der zur Waffe erzogenen Gamora und dem rachsüchtigen Drax, bewegen Peter dazu, aus den höchst verschiedenen Wesen eine Gruppe zu bilden, um mit ihnen die Zukunft der Galaxie zu sichern. Sie nennen sich die ‚Guardians of the Galaxy'.

Der Protagonist des Films ist Peter Quill. Er hält sich selbst für den größten Outlaw (Bandit) der Galaxie. Er ist zunächst Teil der Gruppe der Ravager (Zerstörer) unter dem Anführer Yondu, der ihn als Kind von der Erde geholt und großgezogen hat. Er hat die Hauptaufgabe des Films zu bewältigen und zeichnet sich dadurch als Protagonist aus. Er stellt und hält sein späteres Team zusammen und fungiert dabei als Anführer, dem es gelingt, die unterschiedlichen Motivationen und Interessen der Gruppenmitglieder zu vereinen. Er ist die handlungsleitende Figur, die die Gruppe durch ihre Entscheidungen führt und motiviert. Zur selben Zeit spielen sich in Peters Innenleben mehrere Entwicklungen ab, die er bewältigen muss. Ein wichtiges Thema sind hierbei die entstehenden

Freundschaften zu den anderen Gruppenmitgliedern, gegenüber denen sich Peter zunächst gleichgültig zeigt. Weiterführend beschäftigen ihn seine romantischen Gefühle für Gamora, die es Peter erlauben, sich erstmals einer Person gegenüber emotional zu öffnen und über sich selbst hinauszuwachsen. Zuletzt beschäftigt ihn der Konflikt zwischen der Entscheidung über richtig und falsch sowie die bisher nicht gelungene Bewältigung des Todes seiner Mutter. Peter ist in fast allen Szenen präsent und erhält die meiste Aufmerksamkeit der Rezipierenden. Durch die Rückblende in seine Kindheit und die vielen Informationen, die über ihn preisgegeben werden, erhält er die vielschichtigste Charakterisierung aller Figuren. Peter kann als Antiheld kategorisiert werden, worauf allerdings in der Analyse seiner Rolle noch ausführlicher eingegangen wird.

Gamora erhält, aufgrund ihrer heldenhaften Qualitäten sowie der Breite ihrer charakterlichen Darstellung, den zweiten Platz in der Aufmerksamkeitshierarchie. Sie kann als Heldin in das Geschehen eingeordnet werden. Sie kämpft gegen das Böse im Universum und hat klare moralische Richtlinien. Aufgrund der Fokussierung auf männliche Darsteller wird ihre Figur im Folgenden nicht im Detail analysiert. Trotzdem hat Gamora eine wichtige Funktion im Geschehen und auch in der Rezeption von Männlichkeit und Weiblichkeit im Film. Sie fungiert als moralische Anführerin der Gruppe. Rocket, Groot und Drax werden allesamt als Nebenfiguren eingestuft. Sie unterstützen Peter und Gamora, die die Entscheidungsmacht der Gruppe tragen, in ihren Vorhaben und stehen diesen mit zunehmender Treue und Freundschaft zur Seite. Eine weitere Nebenfigur ist Ronan. Er stellt den Handlungsantrieb der Gruppe dar und kann als deren Antagonist beschrieben werden. Durch diese Rolle wird für Peter eine Abgrenzungsmöglichkeit geschaffen, die ihm in seiner Frage nach Gut und Böse nützlich wird. Damit trägt Ronan zur Wandlung Peters zum Kämpfer für das Gute bei.

Im Film lassen sich einige Gruppen unterscheiden. Die wichtigste ist die der ‚Guardians of the Galaxy', die sich in Szene 7/3 endgültig zusammenfindet. Diese Gruppe ist handlungsleitend und besteht aus Peter, Gamora, Groot, Rocket und Drax. Daneben gibt es die Gruppe der Ravager. Sie sind Kopfgeldjäger und Banditen und leben unter dem Anführer Yondu. Weiter gibt es den Planeten Xandar mit den dort lebenden Xandarianer*innen. Sie können im Kontext des Films als Gruppe bewertet werden, da sie dasselbe Ziel verfolgen. Zuletzt gibt es die Gruppe der Bösewichte. Sie stehen unter dem Anführer Thanos, der den Orb möchte, um damit die Macht über die Galaxie zu gewinnen. Er wird von Ronan, Nebula, Korath und vielen weiteren unterstützt.

6.1 Analyse der Rolle

Der Protagonist **Peter Jason Quill, der sich selbst als „Star-Lord" bezeichnet**, ist circa 34 Jahre alt. Er ist alleinstehend und Besitzer eines Raumschiffs. Seine Mutter starb an Krebs als er noch jung war und seinen Vater hat er nie kennengelernt. Am Todestag seiner Mutter wurde er von einem Raumschiff entführt und daraufhin von Yondu großgezogen. Die Ziele Peters verändern sich im Verlauf des Films aufgrund der Begegnungen, die er macht und der Formierung der Gruppe der ‚Guardians of the Galaxy'. Seine prägnantesten Eigenschaften sind seine selbstgefällige Art und seine Ungeschicktheit. Trotz seiner tollpatschigen Handlungsweise gelingt es ihm immer, seine Ziele durch Flexibilität und Improvisation zu erreichen. Hierzu verwendet er oft unkonventionelle Mittel und Methoden (vgl. 12/2). Peters größte Fähigkeit ist die Überzeugungskraft, die er auf andere Menschen ausübt. Durch diese gelingt es ihm, sich aus beinahe jeder Situation herauszureden. Er hat eine entspannte Lebenseinstellung und ist selbstbewusst. Um den Schein des allzeit starken Mannes zu wahren, wie er es von Yondu gelernt hat, zeigt er sich gegenüber emotionalen Situationen oder

Themen desinteressiert und teilnahmslos. Peter stellt kein klassisches Männlichkeitsideal dar, was ihn als Figur interessant macht. Er erfüllt nicht das Männlichkeitsideal das Yondu, sein Ziehvater, von ihm erwartet und tut sich damit schwer. Im Verlauf des Films beginnt sich Peter gegen diese Anforderungen an Männlichkeit zu wehren und zeigt neue Wege für Männlichkeiten auf. Er bemerkt, dass Schwäche nicht darin liegen muss sich um etwas zu kümmern, anstatt ihm gleichgültig gegenüberzustehen. Hiermit behandelt er das Thema des Nicht-Gerecht-Werdens von Leistungsansprüchen. Zu Beginn des Filmes zeigt er eine prinzipielle Gleichgültigkeit gegenüber allem, was ihn nicht direkt betrifft. Diese wirkt als Schutzmechanismus, um ihn vor Zuneigung und emotionaler Bedeutsamkeit zu schützen, durch die er sich verletzlich machen könnte. Deutlich wird dieses Verhalten sowohl in seinem Umgang mit Frauen als auch im Umgang mit Themen wie Familie oder Freundschaft. Aus einer Rückblende aus Peters Kindheit wird deutlich, dass sich Peter damals sehr gegen Ungerechtigkeit und Schwächere einsetzte.

Peter ist zunächst als Antiheld zu beschreiben, was sich im Verlauf des Films allerdings ändert. „[Er opponiert] gegen die heroischen Verhaltenscodes; […tut] gerade das, was Helden niemals tun würden, und [unterlässt], was man von diesen erwartet.“ (Bröcklig 2019, S. 2). Zunächst ist er ein durchschnittlicher Typ, der sich eher durch Fehlleistungen statt Erfolge von der Masse abhebt. Es gibt für ihn neben Ruhm und Geld kaum etwas, für das es sich zu kämpfen lohnt. Peter zeichnet sich durch geringe moralische Fähigkeiten aus und erfüllt auch sonst keine Attribute eines klassischen Helden. Er lässt sich leicht durch Materielles und seinen Wunsch nach Ruhm und Anerkennung ablenken und hat sichtlich Spaß dabei, sich an anderen zu bereichern. Er ist stolz auf sich und seine rebellische, unangepasste Art. Diese Eigenschaften werden in der Forschung als für den Antihelden typische beschrieben (Ebda, S.5f.). Diese Eigenschaften machen ihn zu einem „Unten durch Held", also kein klassischer Siegertyp. Er findet gerade deshalb Beliebtheit, weil er den Umgang mit Versagen und Scheitern zeigt (Winter 2013, S. 161). Im Mittelteil des Filmes beginnt sich die Haltung Peters jedoch zu wandeln. Mit der Hilfe Gamoras durchläuft er eine Entwicklung hin zum klassischen Helden. Dennoch bleiben seine ungeschickte Art und seine Trickserelen bestehen, die er selbst nicht als schlimm empfindet. Er und die Gruppe verletzen und töten im Verlauf des Films unzählige Lebewesen, wobei zu keiner Zeit moralische Bedenken aufkommen. Gegen Ende des Films entscheidet er sich unumkehrbar dafür, die Xandarianer*innen vor Ronan zu beschützen und den Orb an sie zu übergeben. Im Zentrum dieser Entscheidung steht kein Eigennutz, was eine starke Abweichung zu dem darstellt, wie die Rezipierenden Peter zu Beginn des Films kennenlernen. Er zeigt zuletzt Fürsorge, Freundschaft und Altruismus. Peter wird allerdings nicht gänzlich zum klassischer Helden: In den entscheidenden Momenten zeigt er sich zwar stark, mutig und aufopferungsbereit, dennoch hat bei ihm keine komplette Verwandlung stattgefunden und er bleibt in großen Teilen der, der er war. Dies kann als Kriterium seiner Beliebtheit verstanden werden. Jungen sehnen sich insbesondere in der Zeit persönlicher Wandlung und Loslösung, die sie in der Jugend durchlaufen, nach starken Vorbildern, die die gefestigten Leben und Persönlichkeiten aufweisen, die sie sich selbst wünschen (Winter 2013, S. 163).

Eine große Entwicklung Peters zeigt sich im Umgang mit dem Tod seiner Mutter. In der vorletzten Szene des Films beschließt Peter nach 26 Jahren das Abschiedsgeschenk seiner Mutter zu öffnen. Er hat dies jahrelang aufbewahrt und versteckt, um eine Konfrontation mit dem Thema zu vermeiden. Gamora scheint die erste Person zu sein, der Peter sich diesbezüglich anvertraut (8/7). Daran wird die emotionale Reifung Peters ersichtlich. Durch das Öffnen des Geschenks konfrontiert er seine Angst vor der Auseinandersetzung mit Emotionen. Der hohe emotionale Wert, den er dem Walkman gibt, mit dem er seit 26 Jahren ein Mixtape anhört, das seine Mutter ihm hinterlassen hat, zeigt einen Bruch mit seiner meistens gezeigten Indifferenz. Peter nähert sich dem Publikum von Jugendlichen an, indem er jugendtypische Sprache und Ausdrücke wie „Alter" oder „Bro" (Bruder) benutzt (vgl. 2/2, 4/1).

6.2 Analyse der physischen Darstellung

Peter durchläuft im Film keine optische Verwandlung, weshalb zur Analyse seiner physischen Darstellung eine beliebige Szene (4/2) ausgewählt wurde. Die einzige Abweichung findet sich in Szene 1/1, in der Peter als Kind im Krankenhaus bei seiner sterbenden Mutter gezeigt wird. Da es sich hierbei um die einzige Rückblende handelt, wird auf eine detaillierte Beschreibung verzichtet.

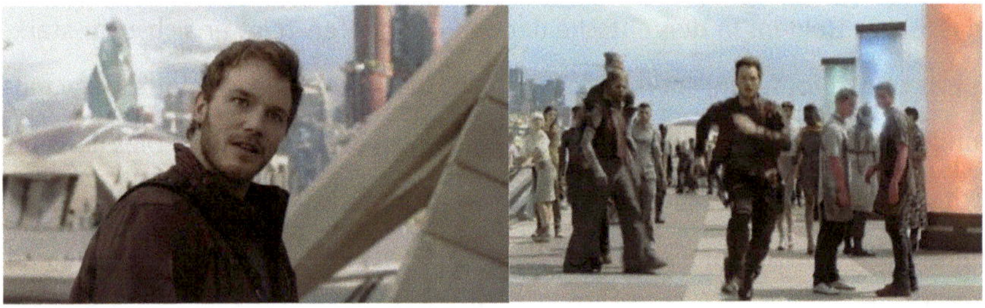

Filmstills: *Guardians of the Galaxy* (USA 2014; James Gunn), Quelle: Disney Plus

Die Figur Peter wird von dem Schauspieler Chris Pratt verkörpert. Sein Körperbau ist breit, kräftig und von Muskeln gezeichnet. Er hat ein breites Kreuz und starke Schultern. Im Vergleich zu andern Figuren des Films wirkt er durchschnittlich groß. Seine Körperhaltung ist aufrecht, mit den Schultern nach hinten und den Armen leicht vom Körper abstehend. Dies lässt ihn stark, selbstbewusst und beinahe überheblich wirken. Auf seinem kräftigen Hals baut ein ovales Gesicht mit spitzem Kinn und hervortretenden Wangenknochen auf. Seine Haare sind kurz, dicht und braun mit einem Goldschimmer. Sie fallen zur

Seite und verdecken teilweise die Ohren. Peter trägt einen Dreitagebart und einen etwas stärker gewachsenen Schnäuzer, der über seinen schmalen Lippen liegt. Seine Zähne sind selten zu sehen aber weiß und gerade. Auch seine Nase ist gerade. Seine blauen Augen sind schmal und nah an den Augenbrauen gelegen. Ansonsten besitzt Peter keine spezifischen Erkennungsmerkmale. Er ist weiß und trägt während des ganzen Films dieselbe Kleidung mit wenigen leichten Veränderungen. Diese symbolisiert seine Zugehörigkeit zu den Ravagern (2/2). Sie besteht aus einem wechselnden Pullover oder T-Shirt in unauffälligen Farben und manchmal mit unleserlichen Drucken. Darüber trägt er stets eine rote Lederjacke. Er scheint Variationen davon, mit jeweils unterschiedlichen Schnitten und Farbschattierungen, zu besitzen. Er besitzt ebenfalls eine Weste aus rotem Leder, was sein Erkennungsmerkmal zu sein scheint. Seine dunkle lederartige Hose hat viele Taschen und einen Gürtel, der zum Tragen von Waffen geeignet ist. Er trägt schwarze Stiefel die mit Halterungen für Waffen ausgestattet sind. Ansonsten trägt er häufig eine lederne Umhängetasche oder Waffen mit sich. Aufgrund seiner vielen Frauengeschichten ist anzunehmen, dass er als attraktiv wahrgenommen wird.

6.3 Analyse der Beziehungen

Peter wird im Verlauf des Films immer wieder in Beziehungsgefügen dargestellt oder durch Verweise auf die Vergangenheit in solchen beschrieben. Er scheint keine andauernden oder stabilen Beziehungen zu führen. Er zeigt sich in der Interaktion mit anderen oft ironisch, wodurch selten positive Interaktion oder Kommunikation entsteht. Die langfristigste und wichtigste heterosoziale Beziehung ist die zu Gamora. Die wichtigsten homosozialen Beziehungen sind die zu Yondu, seinem Ziehvater, sowie zur Gruppe der ‚Guardians of the Galaxy'.

Heterosoziale Beziehungen: Die Beziehung zu Gamora ist für Peter die bedeutungsvollste heterosoziale Beziehung im Film. Dies zeigt sich zum einen durch die singuläre Darstellung heterosozialer Beziehungen sowie durch die emotionale Bedeutung, die Gamora für Peter zu haben scheint. Abgesehen von ihr sind die weiblichen Figuren in Peters Leben, die dargestellt oder erwähnt werden, seine früh verstorbene Mutter (1/1) und einige Frauen, die er zur Befriedigung seiner sexuellen Bedürfnisse zu nutzen scheint (vgl. 2/2). Er erzählt mehrmals von solchen Bekanntschaften, was als Prahlen über seine „Errungenschaften“ aufgefasst werden kann. Hierdurch wird Peters Einstellung gegenüber Frauen sichtbar, die für ihn Objekte der Begierde darstellen und die er benutzt, um sein Selbstbewusstsein zu steigern. Frauen können ihn manipulieren, indem sie ihre Attraktivität in Szene setzen oder ihn durch ihre Bewunderung um den Finger wickeln. Er wird immer wieder zusammen mit Frauen gezeigt oder beschrieben, wodurch er als Frauenheld oder Aufreißer erscheint. Häufig stellt er die Frauen mit denen er zu tun hat und die manchmal Erwartungen an ihn richten, als verrückt dar (vgl. 5/5). Dabei werden die Stereotype des emotional unverfügbaren Mannes und der anhänglichen, emotional labilen Frau bedient. Eine Ausnahme scheint die Beziehung zu Gamora zu bilden. Sie steht Peter jedoch zunächst, aufgrund seiner vielen Frauengeschichten, misstrauisch gegenüber. Gamora kann als Gefährtin Peters verstanden werden, die Züge einer Mentorin besitzt. Sie schafft es Peters moralische Qualitäten zu beeinflussen und ihn zum Handeln für das Gute zu bewegen. Peter ist ihr gegenüber respektvoll und öffnet sich bei ihr erstmals über seine Gefühle. Zwar besitzt er strukturell und in der Gruppe mehr Macht, doch hat Gamora durch ihre Intelligenz und Peters Gefühle für sie die Macht ihn zu beeinflussen. Ihr Verhältnis zueinander wandelt sich von einem antagonistischen Verhältnis über eine Zweckgemeinschaft hin zu einer romantischen Beziehung.

Die Szene, die ausgewählt wurde, um das Verhältnis der beiden exemplarisch zu beleuchten, zeigt eine Situation in der sich die beiden sichtbar annähern und in der auch Gamoras Interesse für Peter deutlich wird (8/7). Die beiden befinden sich auf einer Art Balkon. Im Hintergrund erstreckt sich ein Blick auf die Galaxie, in der immer wieder Sterne vom Himmel fallen. Diese Kulisse und die leichte Dunkelheit schaffen eine romantische Stimmung. Peter versucht das Gespräch locker und humorvoll einzuleiten, worauf Gamora jedoch nicht eingeht. Es wird hauptsächlich mit Groß- und Nahaufnahmen gearbeitet, wobei der Kamerablick oft über die Schulter des jeweils anderen fällt. Dies lässt die gezielte Lenkung der Aufmerksamkeit der Rezipierenden zu und unterstützt das Hineinversetzen in die Emotionen der Figuren. Schnell wechseln die beiden zu persönlicheren Themen. Sie werden in der Szene nahbarer und menschlicher. Peter äußert, dass Gamora eine direkte und feste Verhandlungsart hätte, worüber sie schmunzeln muss. Seine Bemerkung lässt erahnen, dass er sie wahrgenommen hat. Peter steht mit dem Oberkörper zu ihr gedreht und schaut ihr während der gesamten Szene ins Gesicht, was sein Interesse und seine Aufmerksamkeit bestätigt. Gamora beginnt von ihrem Vater zu erzählen, der von Thanos getötet wurde. Dieses Geschehen bewegt sie dazu, Thanos vor weiterer Zerstörung aufhalten zu wollen. Diese Aussage und die starke Moral Gamoras für das Gute wirken sich stark auf Peter aus, was später in seiner veränderten Haltung sichtbar wird. Sie stellt für ihn einen moralischen Kompass dar, der ihn zur Reflexion über seine eigene Moral zwingt und ihn schlussendlich zum Kampf für das Gute motiviert. Während sie erzählt, spielt im Hintergrund traurige, langsame Klaviermusik. Gamora ist sichtlich betroffen und die musikalische Untermalung spiegelt ihre Emotionen wider. Sie lenkt plötzlich ab, als sie Peters Walkman sieht. Sie will wissen, warum er dafür sein Leben riskiere. Sie macht den Walkman an und durch die Kopfhörer, die Peter um den Hals trägt, ist verschwommen und gedämpft Musik zu hören. Gamora dreht sich zu Peter, so dass die beiden sich gegenüberstehen und sich in die Augen schauen. Peters Gesicht wird vermehrt in Nahaufnahmen gezeigt, was eine größere Nähe zu ihm als zu Gamora schafft. Er beginnt von dem Walkman zu erzählen und dass er ein Geschenk seiner Mutter gewesen sei. Hierbei wird deutlich, wie emotional belastet und schwierig das Thema für Peter ist. Dies zeigt sich an seinen feuchten Augen und seiner leisen, zögernden Erzählung. Er lässt jedoch aus, dass seine Mutter gestorben ist. Dies scheint zu diesem Zeitpunkt für ihn zu intim oder schwierig zu sein, als dass er es mit Gamora teilen könnte. Das Teilen ihrer traurigen Kindheitsgeschichten schafft eine Vertrautheit zwischen ihnen. Als Peter Gamora die Funktion des Walkmans erklärt, zeigt sie sich zunächst desinteressiert und dreht sich weg. Durch das Erzählen einer Geschichte gelingt es Peter schließlich, sie für den Walkman zu interessieren. Die beiden werden in der Halbnahen gezeigt und man sieht Peter lässig gegen das Geländer gelehnt und Gamora zugewandt stehen. Hiermit wird zwar sein Interesse für sie, jedoch auch seine Selbstsicherheit und Entspanntheit deutlich. Er nimmt die Kopfhörer und setzt sie Gamora auf die Ohren. Diese reagiert kurz erschrocken und zögerlich, lässt es jedoch zu. Die Musik tritt in den Vordergrund, wodurch das subjektive Erleben Gamoras hervorgehoben wird. In der Detailaufnahme wird gezeigt, wie Peter zuerst Gamoras Finger und dann ihre Hand ergreift. Die beiden kommen sich für einen Kuss näher, was zum Wendepunkt der Szene führt. Kurz bevor sich die beiden küssen, schreit Gamora auf, zückt ihr Messer und hält es Peter an die Kehle. Dieser schreit erschrocken und verwirrt auf. Die Musik tritt wieder in den Hintergrund als Gamora ihn wütend anfaucht, dass sie nicht auf seine Masche hereinfallen werde, wie die Frauen aus seinen Erzählungen. Sie lässt ihn los und Peter beginnt sich zu erklären als die Szene beendet wird. Gamora und Peter teilen ein ähnliches Schicksal. Dies scheint einen bindenden Faktor zwischen ihnen darzustellen. Im weiteren Verlauf des Films werden immer wieder Blicke zwischen Gamora und Peter gezeigt, die ihre Zuneigung zueinander zeigen (vgl. 12/2). Es wird nicht weiter auf die Entwicklung der Beziehung eingegangen.

Homosoziale Beziehungen: Peters wichtigsten homosozialen Beziehungen sind die zu Yondu, seinem Ziehvater, der ihn als Kind von der Erde geholt hat, sowie zu den männlichen Mitgliedern der ‚Guardians of the Galaxy'. Obschon diese Beziehungen die relevantesten für Peter sind, sind sie schwer einzuordnen, da sich Peter dagegen wehrt, deren emotionale Bedeutung für ihn anzuerkennen.

Die Dualität der Beziehungen Peters kristallisiert sich insbesondere in der Beziehung zu Yondu heraus. Peter zögert nicht, Yondu zu hintergehen und ihn um das Geld für den Orb zu betrügen (2/3). Yondu hingegen zögert auch nicht, daraufhin auf Peter ein Kopfgeld auszusetzen (2/3). Dennoch lässt sich Peter vieles von Yondu gefallen und äußert gegenüber Gamora, dass dieser seine einzige Familie sei (12/4). Yondu scheint eine Art Ersatzvater darzustellen, der jedoch von Peters leiblicher Familie differenziert bleibt. Der Verlust seiner Mutter und die Unkenntnis über seinen Vater werfen für Peter viele Fragen nach seiner Identität auf, die jedoch nur unterschwellig erkennbar werden. Yondu scheint diese Leere zumindest teilweise zu füllen, wobei in emotionaler Hinsicht kaum Liebe oder Treue zwischen den beiden zu beobachten ist. In Szene 12/3 erfahren die Rezipierenden, dass Yondu Peter im Auftrag seines leiblichen Vaters von der Erde holte, sich dann jedoch dazu entschloss, Peter bei sich zu behalten. Die Beziehung baut damit auf einer Lüge auf, die Yondu dafür verantwortlich macht, dass Peter seinen Vater nie kennengelernt hat. Dass Yondu als eine Art Vaterersatz und Vorbild diente, zeigt sich in Szene 10/3. Peter bittet ihn dabei um Hilfe, Gamoras Leben zu retten, obwohl die beiden miteinander im Konflikt stehen. In dem sich anbahnenden Streitgespräch werden Teile von Yondus

Philosophie sichtbar, die eine Erklärung für Peters rigide Männlichkeitsvorstellung liefern. Yondu ist sichtlich wütend über Peters Betrug. Er schreit ihn an und boxt ihm dabei in den Bauch, was Peter immer wieder stöhnen lässt. Die Totale aus der Vogelperspektive zeigt, dass Yondu inmitten seiner Gefolgsleute steht und deren Unterstützung hat. Gamora wird von zweien dieser Männer festgehalten und schreit Yondu an, er solle aufhören. Yondu betont, dass Peter ihm sein Leben zu verdanken habe, da er ihn damals vor seinen Leuten beschützt hätte. Peter reagiert wütend und lässt sich nicht auf den Versuch Yondus ein, ihn in seine Schuld zu stellen. Für Yondu ist die Geschichte ein Druckmittel, um bei Peter ein schlechtes Gewissen hervorzurufen und ihm Dankbarkeit und Treue zu entlocken (vgl. 3/2). Peter wird von zwei Männern Yondus festgehalten, die ihn in seiner Wut stärker greifen müssen. Peter wirft Yondu vor, ihn entführt und von seiner Familie weggeholt zu haben. Dies macht die ambivalente Beziehung der beiden sichtbar. Peter zeigt Anzeichen von Traurigkeit als er von seiner Familie spricht. Diese verwandeln sich schnell in Wut, die ihm die Kraft verleiht, sich Yondu zu stellen. Die Auseinandersetzung verhärtet sich und wird persönlicher. Yondu äußert verachtend, dass Peter weich sei und Angst habe. Gamora versucht erneut zu intervenieren, jedoch erfolglos. Sie sieht wütend und verzweifelt aus und schreit, um Yondus Aufmerksamkeit zu bekommen. Sie versucht Yondu zum Schutz der Xandarianer*innen zu überreden, worauf Yondu mit Verachtung reagiert. „Also sowas hat sie dir in den Kopf gesetzt? Gefühle?!", fragt er Peter, ohrfeigt ihn und löst damit Gelächter unter den Männern aus. Durch die Aussage wird Yondus Ideal der männlichen Stärke, Unabhängigkeit und emotionalen Kälte sichtbar. Er erwartet dieses Verhalten auch von seinen Gefolgsleuten sowie von Peter. Yondu wertet Gefühle ab, indem er sie mit Weiblichkeit verbindet und sagt, dass diese einem das Gehirn zerfräßen wie Maden. Das Zeigen von Schwäche scheint für Yondu der ausschlaggebende Punkt dafür zu sein, Peter zu verstoßen und ihn töten zu wollen. Hieraus erklärt sich Peters frühere Abwehr gegenüber jeglichen Emotionen. Gamora schreit laut auf als Yondu seinen magischen Stab durch einen Pfiff an Peters Kehle führen lässt. Im Hintergrund beginnt leise bedrohliche Musik zu spielen. Er benutzt Peter an dieser Stelle, um seinen Männern eine Lehre zu erteilen. Sie sollen sehen was passiert, wenn es jemand wagt „den Captain" zu betrügen. Hiermit unterstreicht Yondu seine bestehende Macht und Dominanz über die anderen und sorgt für deren Aufrechterhaltung. Peter und die anderen Gefolgsleute Yondus befinden sich dabei in einer Position der Unterlegenheit. Yondu kehrt Peter den Rücken zu, was Selbstsicherheit und Überlegenheit vermittelt. Zuletzt gelingt es Peter, sich durch seine rhetorischen Fähigkeiten aus der bedrohlichen Situation herauszureden, indem er Yondu davon überzeugt mit ihnen gegen Ronan vorzugehen. Er begründet dies mit dem Erlangen von Macht und Geld sowie dem Wiederaufleben der „guten alten Zeiten". Daraus lässt sich schließen, dass Yondu und Peter lange Zeit gemeinsam gestohlen und geplündert haben, was der Argumentation einen sentimentalen Wert verleiht. Die Musik verdichtet sich und wird lauter als Yondu überlegt und seine Männer angespannt seine Reaktion abwarten. Plötzlich pfeift Yondu den Stab zurück und bricht in Lachen aus. Die Zustimmung Yondus zeigt seine Werte und Ziele im Leben. Peter lacht verunsichert mit und Yondu schließt ihn in die Arme. Yondu schließt mit der Bemerkung ab, dass Peter schon immer „Eier hatte" und er ihn deswegen als Kind behalten habe. Durch diese Ausdrucksweise verbindet Yondu Mut mit Männlichkeit. Außerdem wird deutlich, dass er die Vorwürfe an Peter, dass er Angst habe und weich sei, allein aus Wut geäußert hat. Als Peter ihm jedoch sein hartes, starkes Männerbild wieder bestätigt, entscheidet sich Yondu dafür, ihm zu verzeihen.

Die anderen heterosozialen Beziehungen, die in Peters Entwicklung wichtig sind, sind die zu den männlichen Mitgliedern der ‚Guardians of the Galaxy': Drax, Rocket und Groot. Aufgrund der vagen Darstellung der Freundschaften wird auf eine detaillierte Szenenanalyse verzichtet und nur ein grober Umriss der Beziehungen beschrieben. Die Beziehung zwischen Peter und den anderen Gruppenmitgliedern verändert sich im Verlauf des Films stark. Zunächst verfolgen die jeweiligen Parteien unterschiedliche Interessen, die teilweise auch gegen die der anderen gerichtet sind. Durch Geld als gemeinsame Motivation finden sie sich als Gruppe zusammen und werden durch die gemeinsame Arbeit schließlich zu Freunden. Für jeden von ihnen scheint Gemeinschaft und Freundschaft neu zu sein (vgl.10/1). Zu Beginn sind die Beziehungen von Konflikten geprägt und wandeln sich im Verlauf langsam zu einem Miteinander. Im Verlauf der Handlung sind sie zunehmend dazu bereit, sich füreinander einzustehen und gemeinsam zu kämpfen. Insbesondere Peter und Rocket lernen in dieser Gemeinschaft sich nicht nur um sich selbst zu kümmern, sondern auch auf andere Rücksicht zu nehmen. Dies stellt eine persönliche Entwicklung Peters dar. Er lernt Emotionen zuzulassen und beginnt seine einzelgängerische Art abzulegen. Zu Beginn des Zusammenkommens scheint Rocket die führende Position in der Gruppe einzunehmen. Er plant den Gefängnisausbruch und macht so die Zusammenarbeit der Gruppe erst möglich (7/1-3). Danach übernimmt Peter immer mehr die Funktion des Gruppenleiters. Dies gelingt ihm insbesondere aufgrund seiner Zielgerichtetheit und seinen diplomatischen Fähigkeiten. Er schafft es die Gruppe durch seine mitreißenden Reden zu überzeugen und zu besänftigen. Hierbei moralisiert er immer wieder vor der Gruppe über die Bedeutung von Freundschaft und Recht (vgl. 8/8). Dies widerspricht jedoch Peters äußerer Positionierung zur Gruppe, was erkennen lässt, dass er seine wahren Gefühle für seine Freunde unterdrückt. Szene 10/4 stellt hinsichtlich der Beziehungen der Gruppe einen Wendepunkt dar. Zum ersten Mal wird deutlich, dass sie keine reine Zweckgemeinschaft sind, sondern sich gegenseitig unterstützen, weil sie sich mögen. Weiter gibt Peter erstmals zu, die anderen zum Erfüllen seines Plans zu brauchen und zeigt eine moralische Reflexion von Gerechtigkeit. Gleichzeitig distanziert er sich von seiner Gleichgültigkeit und scheint diese als Reaktion auf seine vielen Verluste im Leben zu erkennen.

Sowohl in den homo- als auch heterosozialen Beziehungen fällt es Peter schwer sich emotional zu öffnen, Zuneigung oder Schwäche zu zeigen sowie Nähe zuzulassen. In beiden Beziehungsarten erlernt er jedoch diese Fähigkeiten, durch das Erleben von Freundschaft und Liebe. Insbesondere Gamora übt großen Einfluss auf ihn aus, den er wiederum an die Gruppe weiterträgt. Gamora besitzt zwar nicht dieselben Fähigkeiten und Macht wie Peter, scheint jedoch die gefestigtste und moralisch kompetenteste Persönlichkeit, die über Peter ihre Weisheit in die Gruppe trägt.

6.4 Analyse der Darstellung von Emotionen

Peter zeigt im Verlauf des Films selten Emotionen und reagiert abwehrend oder gleichgültig auf die emotionalen Äußerungen anderer. Bei emotional belastenden Themen wird er defensiv und beleidigend, was seine Unfähigkeit sichtbar macht, Emotionen wie Trauer zuzulassen und sich anderen gegenüber zu öffnen.

Die am häufigsten dargestellte Emotion Peters ist Zorn. Meist nutzt er sie, um sich durchzusetzen und Respekt zu verlangen. Weiter zeigt er sich zornig, wenn er sich von anderen erniedrigt fühlt und Gerechtigkeit herstellen möchte. Hiermit erfüllt sich die ursprüngliche Funktion von Zorn, das Gegenüber sein Missverhalten spüren zu lassen und subjektive Gerechtigkeit oder Veränderung einzufordern (Ekman 2007, S. 174). Die nächsthäufige Emotion ist Überraschung. Diese resultiert aus Peters Ungeschicklichkeit, die immer wieder dazu führt, dass die Dinge nicht nach Plan laufen. Somit wird er immer wieder durch unplanmäßig auftauchende Leute, plötzliche Angriffe oder andere nicht bedachte Aspekte überrascht (vgl. 2/2). Die Überraschung dient hier der Schärfung der Sinne, um die neu angelegte Situation möglichst schnell einordnen und auf sie reagieren zu können (Ebda, S. 106). Trotz der unplanmäßigen Eingriffe gelingt es Peter meist sich aus den bedrängnisvollen Situationen zu befreien. Dies zeigt zum einen seine ungeschickte, wenig heldenhafte Art, zum anderen seine hohe Improvisationsfähigkeit und vorhandenen Kräfte. In fünf Szenen des Films zeigt Peter Freude. Dies geschieht zweimal, als er glaubt als „Star-Lord“ erkannt zu werden (vgl. 4/2) und einmal als er tatsächlich als dieser erkannt wird (11/7). Hier wird sein großer Wunsch nach Anerkennung und Bestätigung deutlich. Des Weiteren zeigt er Freude, als es ihm gelingt mit dem Orb zu entkommen. Freude ist die Emotion, mit der er Erfolge zelebriert. Aufgrund vieler Misserfolge scheinen diese für Peter eine große Bedeutung zu haben. Er besitzt eine gute Menschenkenntnis und Empathie, weshalb es ihm gelingt, die Motivationen anderer zu verstehen und seine Gegenüber damit auf seine Seite zu bringen. Diese Fähigkeit schient tief in seinem Wesen verankert, so dass er dies gar nicht mehr als Erfolg wahrnimmt, was an seiner spärlichen emotionalen Reaktion darauf erkennbar wird (vgl. 8/8). Bei sonstigen Erfolgen zeigt er sich freudig und prahlt über seine Aktionen und Fähigkeiten (vgl. 9/3). Es scheint Peter aufgrund seiner verschiedenen Erfolge um die persönliche Einschätzung des Erfolgs zu gehen. Außerdem zeigt er sich weniger reaktiv, wenn er von einer großen Zahl an Menschen umgeben ist, als wenn er allein oder mit wenigen zusammen ist. Dies mag auf seine Wahrnehmung von Verhaltensnormen in der Gesellschaft zurückzuführen sein. Peter präferiert es, in jenen Situationen entspannt zu bleiben und wenig emotionale Regung zu zeigen. Dies liefert der Menge den Eindruck von Gleichgültigkeit, was ihn ‚cool' und heldenhaft wirken lässt. Bei Niederlagen zeigt sich Peter ebenfalls wenig emotional reaktiv. Er bevorzugt diese kleinzureden oder nicht weiter zu erwähnen. Trotzdem wird im Verlauf des Films deutlich, dass Peter jene Niederlagen nicht auf sich sitzen lässt, sondern sie ihn zum Handeln motivieren und er dann später meist als Sieger hervorgeht. Trotz seiner ungeschickten Art erlebt er deutlich häufiger Erfolge als Misserfolge. Dies und das Bezwingen der Niederlagen verleiht ihm und seiner Darstellung als Mann ein starkes und positives Bild.

Es gibt drei Szenen in denen Peter Traurigkeit zeigt. Jede der drei Szenen handelt von seiner Mutter und ihrem frühen Tod, der das einzige Thema darstellt, bei dem Peters Verwundbarkeit zum Ausdruck kommt. Die Emotion Traurigkeit scheint Peter tief in sich vergraben zu haben, um seine Verletzlichkeit vor anderen zu verstecken. Hier setzt sich zunächst ein Männerbild durch, bei dem Gefühle unterdrückt werden und Härte als Ideal gilt. Im Verlauf des Films zeigt sich jedoch die Auseinandersetzung Peters mit dem Tod seiner Mutter. Dies eröffnet ein neues Verständnis von Männlichkeit, in dem nun Schwäche zugelassen werden darf und als ein Zeichen von Bedeutsamkeit anerkannt wird. Den Tod seiner Mutter scheint Peter noch immer nicht verarbeitetet zu haben. Dies lässt sich in Szene 12/2 feststellen, als er halluziniert und seine sterbende Mutter sieht, deren Hand er damals am Krankenbett nicht ergriffen hatte, als sie ihn danach fragte. Dieses Erlebnis scheint bei Peter mit Schuldgefühlen verbunden zu sein, weshalb schnell er die Hand Gamoras ergreift, die in seiner Halluzination nach der Hand seiner Mutter aussieht. Dieser Akt scheint für ihn eine Art Wiedergutmachung darzustellen, die ihn zumindest teilweise von seiner Schuld befreit und ihm die Auseinandersetzung mit dem Verlust seiner Mutter erlaubt. Die Darstellung von Trauer und Verletzlichkeit führen zu einem realistischeren und vielschichtigeren Bild Peters. Angst und Ekel sind Emotionen die Peter kaum zulässt oder erlebt. In den zahlreichen gefährlichen Situationen in die er gerät, reagiert er schnell, um sich zu befreien. Er vermittelt somit volles Vertrauen in seine eigenen Kräfte, und scheint dadurch Angstgefühle zu unterdrücken. Die einzige Szene, in der Peter Ekel zeigt ist im Gefängnis, als ihm ein Außerirdischer über die Wange streicht (5/3). Auch Angst wird von Peter nur ein einziges Mal gezeigt, als er plötzlich von Gamora angegriffen wird und sie ihm wütend ein Messer an die Kehle hält (8/7).

6.5 Einordnung in die Männlichkeitstypen

Die Einordnung der Figuren des Films gestaltet sich schwierig. Nicht nur, da sie in vielen verschiedenen Welten und Gesellschaften verkehren, in denen jeweils unterschiedliche Vorstellungen hegemonialer Männlichkeit vorherrschen. Sondern auch, weil kein eindeutiges Beispiel hegemonialer Männlichkeit sichtbar wird, das als Orientierung dienen könnte. Groot und Rocket werden trotz ihrer unmenschlichen Optik, aufgrund ihrer Handlungsaktivität und vermenschlichten Eigenschaften als relevante, männliche Nebenfiguren eingestuft. Ronan, der fanatische Kriegsführer, kann zu Beginn des Films in den komplizenhaften Typus eingestuft werden. Dies wird in der Machtbeziehung ersichtlich, die er zu dem Titan Thanos hat. Dieser erniedrigt ihn und hält ihn in einem Abhängigkeitsverhältnis. Ronan akzeptiert dies zunächst, schenkt Thanos Respekt und versucht ihn zufriedenzustellen (vgl. 6/2). Thanos besitzt aufgrund seiner Zugehörigkeit zu der Spezies der Titanen mehr Macht und Fähigkeiten als andere Spezies. Er scheint die größte Macht im Universum zu haben, was ihn als Vertreter hegemonialer Männlichkeit qualifiziert. Mit der Übernahme des Orbs und den damit verbundenen Kräften, erhält Ronan Unabhängigkeit von Thanos und lehnt sich gegen ihn auf (10/2). Durch die Kraft des Orbs wird er zur mächtigsten Figur des Universums, was ihm Ehrfurcht und Respekt einbringt. Er wird unzerstörbar und erhält die Macht, über den weiteren Verlauf der Galaxie zu bestimmen. Durch die neue Überlegenheit über Thanos, wird er selbst zum Repräsentant hegemonialer Männlichkeit. Die Guardians of the Galaxy lehnen sich gegen Ronans machtvolle Position auf und wollen ihn aufhalten. Damit wehren sie sich zugleich gegen seinen Status der hegemonialen Männlichkeit im Universum. Dies stellt seine Position in Frage und macht eine Einordnung der Gruppe als Komplizenhaft unmöglich. Eine Einteilung in den untergeordneten oder gar marginalisierten Typus wird zuletzt durch den Sieg der Gruppe über Ronan unmöglich. Intragruppal entwickelt sich Peter im Laufe der Zeit zum Anführer, was ihn in der Gruppe zum Repräsentanten hegemonialer Männlichkeit macht. Durch die konstanten Streitereien scheinen die Mitglieder der Gruppe ihre hierarchische Ordnung verhandeln zu wollen. Peter wandelt sich ab der Mitte des Films, durch seine Überzeugungsfähigkeit, vom komplizenhaften zum hegemonialen Typ und steht an der Spitze der Gruppenhierarchie. Der Rest der Gruppe unterstützt Peter sowohl in seiner persönlichen Weiterentwicklung als auch bei seinen Vorhaben. Drax zeigt durch die wiederholte Bezeichnung Peters als „Mann von Ehre" (vgl. 10/4) seine Bewunderung für und seine Unterlegenheit gegenüber Peter. Groot und Drax können als komplizenhaft eingestuft werden, da sie die Leitung Peters akzeptieren und bestärken. Rocket zeigt sich immer wieder um die Rolle des Anführers kämpfend. Durch sein großes Wissen und seine geistreiche und schlagfertige Art gelingt ihm szenenweise ein Aufstieg in der Rangordnung der männlichen Dominanz (vgl. 5/3). Letzten Endes muss Rocket jedoch als marginalisierter Typ eingestuft werden, da er aufgrund seiner Spezies als Waschbär, immer wieder von den anderen gedemütigt wird und keine Chance erhält sich in der Hierarchie durchzusetzen (vgl. 8/8).

7. Filmanalyse *Tschick* (D 2016, R: Fatih Akin)

Der Film *Tschick* ist eine deutsche Produktion und basiert auf dem gleichnamigen Jugendroman von Wolfgang Herrendorf. *Tschick* kam 2016 in die deutschen Kinos und stellt damit den jüngsten untersuchten Film dar. Er verzeichnete im ersten Jahr über 700.000 Kinobesucher*innen und erreicht damit Platz 10 der nationalen Charts. Der Film dreht sich um die beiden 14-Jährigen Maik und Tschick, die durch ihre Rolle als Außenseiter der Klasse zusammengeschweißt werden und gemeinsam auf einen Roadtrip in Richtung Walachei aufbrechen. Unterwegs erleben sie viele Abenteuer und wachsen als Freunde zusammen. Der Film stellt einen originären Jugendfilm dar, da Jugendliche die Hauptrollen spielen und jugendspezifische Themen wie die erste Liebe, Freundschaft und der Umgang mit Eltern im Mittelpunkt stehen. Auch im Film *Tschick* ist die klassische Erzählstrategie der Heldenreise erkennbar. Zunächst wird der Protagonist Maik in seiner gewohnten Umgebung gezeigt. Durch die Begegnung mit Tschick wird er auf ein Abenteuer eingeladen, wobei Maik allerdings zögert. Im zweiten Teil kommt es zur Trennung von der alten Existenz und der allmählichen Annahme der Neuen (Krützen 2004, S. 177f.). Die Figuren kommen in der neuen Welt, außerhalb ihres jeweiligen Zuhauses an, und müssen sich dabei neuen Herausforderungen und Gegner*innen stellen. Der Beitritt in die neue Welt gipfelt in einem Unfall, einer harten, existenziellen Prüfung für Maik und Tschick. In der letzten Phase bewältigt die Figur die Herausforderung, kehrt in die alte Welt zurück oder wendet sich grundlegend von ihr ab (Ebda, S. 99). Maik kehrt zwar in die alte Welt zurück, tritt ihr jedoch verändert gegenüber.

Die Hauptfiguren im Film sind Maik und Tschick, wobei Maik die Rolle des Protagonisten einnimmt. Dies lässt sich sowohl durch die quantitative als auch die qualitative Analyse der Figuren erkennen. Maik fungiert als Erzählinstanz, die sich während des Films sowie an dessen Anfang und Ende aus dem Off meldet, um die Geschichte retrospektiv zu erzählen. Er erhält als homodiegetischer Ich-Erzähler die Macht, die Geschichte nach seinem Belieben zu erzählen. Maiks Rolle als Protagonist wird ebenfalls durch die ausführliche Darstellung seiner Lebenssituation sowie seiner Gefühlswelt zuhause und in der Schule deutlich. Tschick spielt neben Maik die zweite Hauptrolle, da er diesen zum Abenteuer motiviert und die Reise mit ihm antritt. Er steht jedoch aufmerksamkeitshierarchisch unter Maik, da man deutlich weniger über sein Leben erfährt. Maik und Tschick bilden ab ihrem ersten gemeinsamen Erlebnis eine Gruppe. Kurzzeitig wird diese durch Isa ergänzt, die sie auf der Reise treffen. Weiter gibt es die Gruppe der Klassengemeinschaft, von der Maik und Tschick ausgeschlossen werden. Relevante Nebenfiguren sind Maiks Eltern und die beiden Mädchen Tatjana und Isa. Maiks Eltern sind nicht sonderlich fürsorglich, sondern hauptsächlich mit ihren eigenen Leben beschäftigt. Die Mutter leidet unter einer Alkoholsucht, was dafür sorgt, dass Maik sich öfter um sie kümmert als umgekehrt. Der Vater, Josef Klingenberg, widmet sich hauptsächlich seiner Tätigkeit als Immobilienmakler, betrügt derweil seine Frau und zeigt immer wieder, wie wichtig ihm Geld ist. Als Maik von ihnen in den Sommerferien alleine gelassen wird, entscheidet er sich dazu mit Tschick auf den Roadtrip zu gehen.

7.1 Analyse der Rolle

Der Film zeigt von Beginn bis Ende einen Ausschnitt aus dem Leben von Maik, was sein Vorkommen in jeder der Szenen unterstreicht. Durch seine Funktion als Erzählinstanz nimmt Maik die Rezipierenden mit auf seine Reise, wodurch die Nähe zu ihm als Figur hergestellt wird. Maik Klingenberg ist 14 Jahre alt und besucht das Gymnasium in Berlin-Marzahn. Mit seinen Eltern wohnt er in einer Villa am Stadtrand. Die Familie präsentiert sich wohlhabend, ist jedoch hoch verschuldet. Maiks Mutter ist eine rückfällige Alkoholikerin und sein Vater konzentriert sich allein auf seine Arbeit. Dies zwingt Maik dazu, viel Verantwortung zu übernehmen und versetzt ihn in Verbindung mit seiner Außenseiterposition in der Schule in Einsamkeit. Er durchlebt in der Erzählung eine starke persönliche Veränderung. Zu Beginn ist er ein braver aber unbeliebter und schüchterner Junge mit geringem Selbstwertgefühl und einem Hang zur Passivität. Mit Hilfe seines neuen Freundes Tschick und durch die gemeinsam erlebten Gefahren und Abenteuer, entwickelt er sich zu einem aktiveren, selbstbewussteren Menschen. Er selbst empfindet sich als langweilig, hässlich und feige. Seine größte Begabung ist sein künstlerisches Talent, welches er nutzen will, um seine erste große Liebe Tatjana zu beeindrucken. Tatjana kennt Maik zu Beginn der Geschichte kaum und sieht ihn, wie der Rest der Klasse, als „Psycho". Für Maik stellt die Reise ein Ausbruch aus seinem bisherigen Leben dar, in dem er auf sich selbst gestellt war und viel Verantwortung für seine alkoholkranke Mutter trug. Die Freundschaft und die Freiheit, die er auf der Reise mit Tschick erlebt, stellen daher einen Gegensatz zu seiner bisherigen Lebenswelt dar. Es gelingt ihm, sich von den Erwartungen an sich selbst und den Erwartungen anderer zu befreien. Er lernt sich selbst auf der Reise besser kennen, legt danach nicht mehr so viel Wert darauf, was andere über ihn denken und wird deutlich selbstbewusster. Die Geschichte appelliert an Jugendliche, zu sich selbst zu stehen. Maiks Wunsch zur Klassengemeinschaft dazuzugehören, verstärkte seine vorhandene Unsicherheit. Als er beginnt zu sich selbst zu stehen, bringt ihm dies Freundschaft und das Interesse Tatjanas.

Die Aufgabe bzw. das Ziel Maiks ist zuerst schwer erkennbar, da ihm dies selbst nicht deutlich zu sein scheint. Der Aufbruch auf die Reise, die mit mehreren Straftaten verbunden ist, kann als anarchisches Aufbegehren gegen sein altes Leben verstanden werden. Mit der Reise in die Walachei bricht er durch Tschick mit seinen Gewohnheiten und seiner passiven Traumwelt, in der er Videospiele spielt und sich Handlungen nur vorstellt, anstatt sie zu realisieren. Dass dies sein bisheriges Leben geprägt hat und es ihm an Lebenserfahrung in der Welt mangelt, wird durch die häufigen Vergleiche von Orten oder Taten mit Film- und Videospielinhalten belegt (vgl. 7/7). Er wird durch Tschicks kontrastierenden Charakter, der ihm als Vorbild dient, stark geprägt. Tschick ist für Maik Mentor, Freund und antreibende Kraft zur Veränderung. Die Szene 10/2 kann als Wendepunkt von Maiks innerer Entwicklung gesehen werden, da er sich über seine selbst empfundene Feigheit hinwegsetzt und sich und Tschick damit beweist, dass er dies nicht ist.

7.2 Analyse der physischen Darstellung

Maik verändert sich im Verlauf des Films optisch nicht. Er ist ein 14-jähriger Junge und wirkt im Vergleich zu seinen Mitschülern klein und wenig entwickelt. Sein Körperbau ist schmal, dünn und jungenhaft. Seine Körpersprache drückt Unbehagen aus.

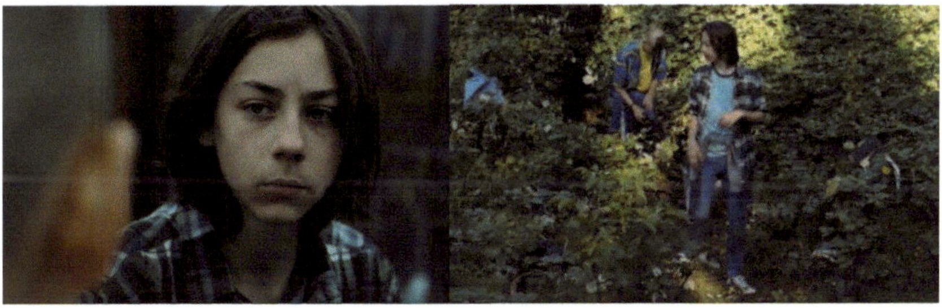

Filmstills: *Tschick* (DE 2016; Fatih Akin), Quelle: Amazon Prime

Maik hat sehr helle Haut und dunkelbraune, dünne und glatte Haare. Sie reichen ihm beinahe bis zu den Schultern. Er trägt einen Mittelscheitel. Über seiner Oberlippe sind die ersten Anzeichen von Bartwuchs zu erkennen. Dieser lässt Maik aufgrund der geringen Ausprägung kindlich wirken und unterstreicht dessen Entfernung zum Mannsein. Sein Gesicht ist lang, oval und er hat leichte Sommersprossen auf Nase und Stirn. Seine Augen sind mandelförmig, haben jedoch leicht verschiedene Formen und Stellungen im Gesicht. Sie sind grüngrau und darunter sind leichte Augenringe zu erkennen. Darüber liegen dicke, schwungvolle Augenbrauen. Die Augen stehen nah zu der kleinen Nase. Diese wird zum Nasenende ein wenig breiter und wölbt sich leicht nach oben. Der Mund ist weit von der Nase entfernt und durch eine dicke Unterlippe und eine kräftige Umrandung definiert. Seine Zähne sind eckig, weiß und gerade. Er hat leichte Pausbacken, die ihn ebenfalls jung wirken lassen. Sein Kinn ist schmal und kantig. Maik hat große Ohren und Ohrläppchen, die jedoch von seinen Haaren bedeckt werden. Er trägt meist jugendtypische Kleidung. Dies zeigt sich oft in der Form von T-Shirt, Kapuzenpullover oder Holzfällerhemd, blauen Jeans und Turnschuhen der Marke Converse. Maik versucht sich durch seine Kleidung zu profilieren, was sich durch das Tragen von Pilotenbrille und offenem Hemd oder seiner neu erworbenen Lieblingsjacke zeigt, die zu seinem Erkennungszeichen wird. Dabei handelt es sich um eine Bomberjacke aus grünem und weißem Seidenstoff, die hinten mit der Aufschrift ‚Japan' sowie einem Drachenmuster versehen ist. Auf der Reise wird jedoch sichtbar, dass Maik seine Kleiderwahl mehr und mehr als belanglos empfindet und sich nicht länger damit identifiziert.

7.3 Analyse der Beziehungen

Maik stellt zu Beginn des Films den Außenseiter der Klasse dar. Er hat keine Freunde, bis er und Tschick sich annähern und ihre ersten gemeinsamen Abenteuer erleben. Maik ist in „das schönste Mädchen der Welt“ (2/1), seine Klassenkameradin Tatjana, verliebt. Wie bereits erwähnt wurde, haben seine Eltern kaum Zeit für ihn. Am Ende des Films erfährt Maik die Bedeutung von wahrer Freundschaft und Liebe, durch die Beziehungen zu Tschick und Isa. Die beiden Figuren stellen die wichtigsten Beziehungen Maiks dar.

Heterosoziale Beziehungen: Drei Frauen prägen das Leben Maiks auf unterschiedlichste Art und Weise. Die erste ist seine Mutter. Sie wird im Verlauf des Films nicht namentlich benannt und spielt eine geringfügige Nebenrolle, weshalb auf eine präzise Szenenanalyse verzichtet wird. Dennoch ist ihre Wichtigkeit für Maik und dessen bisherige Entwicklung unabdingbar. Die Mutter ist eine rückfällige Alkoholikerin, die regelmäßig im Sommer in eine Entzugsklinik fährt. Ihre Abwesenheit im gezeigten Sommer eröffnet für Maik die Möglichkeit, die Reise mit Tschick anzutreten. Die Beziehungsstruktur zwischen Maik und seiner Mutter ist aufgrund der Krankheit der Mutter gestört. Sie ist viel mit sich selbst beschäftigt und hat keine Zeit oder Kraft sich um Maiks Bedürfnisse zu kümmern. Stattdessen kümmert sich Maik um sie, sorgt dafür, dass sie nach Hause kommt und wohlauf ist. Es kann hier von einer Parentifizierung Maiks gesprochen werden, die sowohl sein erhöhtes Verantwortungsbewusstsein als auch sein geringes Selbstwertgefühl erklärt. Trotz der schwierigen Lebenslage pflegen die beiden eine positive Beziehung zueinander, was auch in Maiks Beschreibung seiner Mutter als „eine[r], mit der man Spaß haben kann“, sichtbar wird (2/2). Maik scheint in der Situation gefangen und duldet sie still. Er wirkt zwar bedrückt, scheint jedoch keine Handlungsalternative zu sehen. Der Vater scheint sich von den Problemen seiner Frau zu distanzieren. Diese schafft es nicht, Maik vor der Aggression seines Vaters zu beschützen oder zu verteidigen (vgl. 11/2,4). Auch hier scheinen die Rollen zwischen den beiden umgekehrt, da Maik sich seiner Mutter gegenüber beschützend zeigt, als er erfährt, dass sein Vater sie betrügt (5/5). Die Mutter zeigt ähnlich passive Muster in der Lebensbewältigung wie Maik. Maik ist durch die Situation zuhause hochgradig belastet. Trotz des Entzugs sieht man Maiks Mutter kurze Zeit später wieder betrunken und auch an ihrer Beziehung ändert sich nichts.

Die zweite weibliche Figur, die Maik beeinflusst, ist Tatjana. Diese stellt seine erste große Liebe dar, mit der er jedoch noch nie ein Wort gewechselt hat. Sie ist ein hübsches, beliebtes und begehrtes Mädchen in der Klasse. Ihr Desinteresse an Maik zeigt sich in ihrer Ignoranz ihm gegenüber, das aus seiner untergeordneten Position in der Klasse resultiert. Die im Sampling genannten Szenen sind allesamt Szenen, in denen Maik Tatjana beobachtet, sich vorstellt mit ihr zu sprechen oder ihr etwas zu sagen. Ein direktes, interaktives Gespräch zwischen den beiden gibt es im Verlauf des Films nie. Die Tatsache, dass bei allen Handlungen in der Klasse immer Tatjanas Reaktion gezeigt wird, verdeutlicht, wie Aufmerksam Maik, der auch als Erzähler fungiert, sie beobachtet. Maik plant, ihr zum Geburtstag ein selbstgemaltes Portrait von ihr zu schenken, erlebt jedoch eine große Kränkung, als er nicht zu ihrer Feier eingeladen wird (4/1). Dies verdeutlicht ebenfalls seine niedrige Position in der Klassengemeinschaft, denn es heißt, alle seien eingeladen. Letzten Endes gelingt es Tschick, Maik dazu zu überreden, trotzdem zum Geburtstag zu fahren und Tatjana das Bild zu überreichen. Dies fällt Maik sehr schwer, da es ihm peinlich zu sein scheint und er Angst hat, sich vor Tatjana zu blamieren. In Szene 6/5 betreten Tschick und Maik die Geburtstagsparty, die auf einem Boot stattfindet. Es wird in der Halbnahen gezeigt, wie Tschick selbstbewusst in den Raum schreitet, Maik ihm leicht verunsichert und zögernd folgt und die beiden an der Kamera vorbeigehen. Es läuft laute Pop-Musik, zu der die Gäste tanzen. Durch die tanzende Masse hindurch sieht man Tatjana, die die beiden entdeckt hat und sie verwirrt und entgeistert anschaut. Tschick reicht Maik die zusammengerollte Zeichnung und beginnt locker zur Musik zu tanzen. Die Musik schwindet in den Hintergrund und ruhige Klavierklänge dominieren das Tonbild. Die Kamera fokussiert Maik und zeigt ihn in der Halbnahen. Er geht wie in Trance auf Tatjana zu. Es wird deutlich, wie viel Mut ihn diese Schritte kosten, bevor er Tatjana das Bild überreicht. Ihre beiden Gesichter werden abwechselnd in Großaufnahme gezeigt, was ihre emotionalen Regungen sichtbar und nachvollziehbar macht. Man hört und sieht wie Tatjana das Gummiband von der aufgerollten Zeichnung abzieht und Maik dabei immer wieder verwirrt in die Augen schaut. Sie wirkt verunsichert und überrascht. Tschick interveniert indem er Tatjana begrüßt, Maik die Hand auf die Schulter legt und ihn mit einem Kopfnicken zum Gehen auffordert. Maik wendet sich ab, dreht aber beim Gehen noch einmal den Kopf nach Tatjana um. Diese lächelt ihn zögerlich an. Beim Gehen fragt ein Mädchen die beiden, ob sie noch etwas trinken wollen. Tschick lehnt locker, mit einer Zigarette im Mund ab. Zu Beginn gibt es aufgrund ihres unterschiedlichen Status in der Klassengemeinschaft eine starke hierarchische Ordnung zwischen Maik und Tatjana. Dies verändert sich jedoch durch Maiks Auftritt auf der Geburtstagsfeier, der Tatjana beeindruckt zu haben scheint und seinem selbstbewussterem, gleichgültigerem Auftreten nach den Sommerferien. Tatjana zeigt sich plötzlich an seinem mysteriösen Wandel interessiert und schreibt ihm in der Schule einen Zettel (12/6). Maik kommentiert dabei als Erzähler, dass er „vor dem Sommer [...] noch vor Freude vom Stuhl gekippt [wäre]", weil Tatjana ihn endlich wahrgenommen hat. Nun aber sei ihm dies aufgrund seiner neuen Erfahrungen egal geworden.

Isa ist die letzte weibliche Figur der Maik begegnet. Sie verbringt nur eine kurze Zeit mit Maik und Tschick, in der sich Maik in sie verliebt. Sie ist frech, burschikos und zeigt ein launisches Verhalten das zwischen Aggression und Abwehr sowie Bedürftigkeit und der Suche nach Nähe wechselt. Zu Beginn benutzt sie vulgäre Sprache, um sich zu verteidigen. Isa überzeugt die Jungs schließlich sie mitzunehmen, indem sie ihnen hilft Benzin zu stehlen. Tschick ist ihr gegenüber anfangs abweisend und beleidigend, möglicherweise, weil sie ihn als „schwul" bezeichnet hat. Im Verlauf des Films entwickelt sich jedoch auch zwischen ihnen eine Freundschaft. Maik fühlt sich zu Isa hingezogen und es lässt sich vermuten, dass dies auf Gegenseitigkeit beruht. Dies zeigt sich in vielen Blickkontakten und ihrem Angebot mit ihr zu schlafen (9/7). In Szene 9/6 sind Maik und Isa allein auf einem Steg am See, wo Isa Maik auffordert, ihre verfilzten Haare abzuschneiden. Es wird in Nahaufnahme gezeigt, wie er mit einem Taschenmesser in der Hand hinter ihr steht. Er wirkt nervös und unsicher als er sagt, dass er noch nie Haare geschnitten habe. Isa wird von hinten aus Maiks Sicht gezeigt, als sie sagt, dass ihr das egal sei und sich ihr T-Shirt über den Kopf zieht. Sie sitzt nun oberkörperfrei vor Maik, was diesen deutlich verunsichert. Er reißt die Augen auf und atmet dabei tief ein. Isa scheint sein Unbehagen zu bemerken und dreht ihren Kopf, um Maik anzuschauen. Mit einem unschuldigen Blick erklärt sie etwas schüchtern, dass sie nicht wolle, dass das T-Shirt voller Haare sei. Die Anspannung zwischen den beiden wird hier sichtbar gemacht und weiter verstärkt. Maik schneidet ihr improvisierend aber konzentriert und mit ernstem Gesicht die Haare, was im Detail gezeigt wird. Zuletzt sitzt er vor Isa. Die beiden werden in der Halbnahen zeigt. Bevor Maik die letzte Strähne abschneiden kann, bemerkt er Isas traurigen Blick und hört auf zu schneiden. Ihr Blick schwankt von Maik in die Ferne und zurück. „Sieht scheiße aus, oder?", fragt sie ihn bedrückt. „Sieht toll aus", antwortet Maik und schneidet die letzte

Strähne ab. Durch ihre bedrückte Mine zeigt sich, dass es ihr nicht egal ist, wie sie vor Maik aussieht, obwohl sie sich ansonsten selbstbewusst und von der Meinung anderer unbeeindruckt zeigt. Maiks Kompliment ist ein Versuch sie aufzumuntern und ihr Bestätigung zu schenken. In der Szene werden die Gefühle, die die beiden füreinander haben deutlich. Isas Verhalten ist dabei wie gewohnt provokant und Maik ist sichtlich überfordert und unsicher. Er scheint kaum Erfahrung im Umgang mit Mädchen zu haben. Er behandelt sie respektvoll und vorsichtig. Isa hat in der Interaktion die Oberhand, was ihr Dominanz und Macht verleiht. Maik lehnt ihre Annäherungsversuche aufgrund seiner Schüchternheit ab. Die beiden werden kurz vor einem Kuss von Tschick unterbrochen. Als Isa die Gruppe schließlich verlässt, küsst sie Maik. Die drei versprechen, sich in 50 Jahren wieder zu treffen, worüber Maik am Ende des Films seine Vorfreude äußert. Unter anderem hat die Erfahrung mit Isa dazu beigetragen, dass ihm Tatjana egal wird und er sich nicht weiter um ihre Anerkennung bemüht.

Homosoziale Beziehungen: Die Beziehung Maiks zu Tschick stellt seine wichtigste Beziehung dar. Tschick ist sein erster richtiger Freund, mit dem er Persönliches teilt, Spaß hat, Abenteuer erlebt und sich dabei weiterentwickelt. Tschick kann als Maiks Mentor verstanden werden. Dabei besitzt er weit mehr Eigenschaften eines klassischen Protagonisten oder Helden. Er ist spontan, unternehmungslustig und ungeniert. Er blickt nie zurück und es ist ihm egal was andere von ihm denken. Wenn es ein Problem gibt wird er handlungsaktiv und sucht nach Lösungen und fürchtet sich nicht vor Konsequenzen, mit der Ausnahme, dass er sich sorgt, ins Kinderheim gebracht zu werden (10/6) (Winter 2013, S. 162-166). Dies zeigt zum einen seinen entspannten Charakter und zum anderen, dass er im Leben nichts zu verlieren hat. Er hat ebenso wie Maik keine Eltern, die sich um ihn kümmern, was sich in ihrer Bewunderung für die harmonische Familie zeigt, die sie in Preusitz kennenlernen (8/3). Ihre unterschiedlichen, aber doch ähnlichen Schicksale sowie die gemeinsamen Abenteuer und Herausforderungen schaffen eine tiefe freundschaftliche Bindung. Tschicks plötzliches Auftauchen sowie sein Verschwinden und die Tatsache, dass man kaum etwas über seine Vergangenheit oder Familie erfährt, verleihen ihm etwas Mysteriöses. Sein Handeln auf der Reise weist auf seine Intelligenz sowie seine Erfahrung in kriminellen Handlungen hin. Tschick ist auf der Reise die antreibende Kraft. Die Vorbildfunktion, die Tschick auf Maik ausübt und die Bewunderung die Maik ihm entgegenbringt, zeigt sich, als Maik später zurück in der Heimat beginnt, Eigenschaften Tschicks nachzuahmen (vgl. 12/4). Der Einfluss Tschicks als Gefährte und Mentor versetzt ihn in eine überlegene Rolle. In Szene 10/2 sind die beiden auf der Reise. Um einigen Polizeiwägen auszuweichen, sind sie auf einen Feldweg gefahren und an einem See mit einer schmalen Holzbrücke angekommen. Der Blick auf die instabil wirkende Brücke wird durch die Frontscheibe des Autos und damit aus Sicht der Jungen gezeigt. Maik zeigt sich wie immer zögerlich, Tschick hingegen weigert sich zurückzufahren. Dies zeigt seine Überzeugung, dass es immer einen Weg gibt und man nie zurückschauen sollte. In dieser Hinsicht unterscheiden sich die beiden stark. Tschick präsentiert seine Kämpfernatur, während Maik zum Aufgeben tendiert. Es wird in verschiedenen Einstellungen und Perspektiven gezeigt, wie das Auto langsam über die Baumstämme fährt. Dabei hört man das Heulen des Motors und das Knacken der Stämme. Maik ruft Tschick zu anzuhalten, als er ein Loch in der Brücke entdeckt. Die beiden schauen sich kurz an, steigen aus dem Auto aus und springen ins Wasser. Sie versuchen Baumstämme zu finden, um das Loch abzudecken. Plötzlich schreit Tschick laut auf und beginnt sich aus dem Wasser zu ziehen. Maik springt besorgt und schockiert zu ihm herüber. Tschicks schmerzverzerrtes Gesicht wird in Großaufnahme gezeigt. In einer Detailaufnahme sieht man, wie sich Tschick einen Holzspan aus seinem blutenden Fuß zieht. Er betrachtet den blutigen Span kurz in Großaufnahme und wirft ihn dann schnell weg. Maik schaut schockiert, holt aus dem Kofferraum einen Erste-Hilfe-Kasten und beginnt Tschicks Fuß zu verbinden. Man sieht die beiden dabei in Totale vor dem Auto sitzen. Tschick ist vor Schmerz gekrümmt und sagt, dass er so nicht mehr Auto fahren könne. Die beiden werden abwechselnd in Großaufnahme gezeigt. Maik beschließt aufzugeben und Tschick versucht ihn zu überreden das Steuer zu übernehmen. Maik lehnt heftig ab und begründet dies damit, dass er ein Feigling und ein Langweiler sei. Hier werden die grundlegenden Unterschiede zwischen Maik und Tschick deutlich. Tschick ist egal was andere von ihm denken, er ist ein Macher-Typ und wird handlungsaktiv, wenn er ein Ziel hat. Maik hingegen mangelt es an Selbstbewusstsein und er hält sich selbst für hässlich, feige und langweilig. Mit diesen Aussagen vermittelt er sein Männlichkeitsideal. Dieses besteht aus einem Mann der gut aussieht, mutig und interessant und damit das Gegenteil seiner Selbst darstellt. Zum Ende des Films gelingt es ihm jedoch, seine Vorstellung von Männlichkeit zu hinterfragen und er akzeptiert, dass er gewisse Eigenschaften aktiv verändern kann, zu anderen hingegen nur seine Einstellung. Damit verändert er auch das dargestellte Männlichkeitsideal von einem verallgemeinerten und idolisierten, hin zu einem realistischeren, akzeptierenderen Bild von Männlichkeit. Maik hat Angst vor Konsequenzen und davor, aufzufallen und versteckt sich lieber. Tschick versucht weiter Maik zu überreden, wobei die Kränkung durch Tatjana erneut hochkommt. Es tritt Ruhe ein und Tschick vertraut Maik an, dass er homosexuell ist. Maik ist die erste Person der gegenüber sich Tschick öffnet, was einen Beweis ihrer innigen Freundschaft darstellt. Maik reagiert zunächst nicht darauf. Die Rezipierenden hören jedoch Maiks Gedanken in einem inneren Monolog. Er sei nicht besonders überrascht gewesen und überlegte kurz selbst schwul zu werden. Dabei verfolgt er zuerst die naive Denkweise, man könne sich seine Sexualität aussuchen, bemerkt dann aber, dass er dies nicht kann. Tschick versucht die Situation zu entspannen, indem er Maik nach seinem Schuh fragt. In Detailaufnahmen sieht man, wie sie das Loch mit Baumstämmen füllen, womit die Szene endet. Mit dieser Szene findet die Auflösung des Themas Homosexualität im Film statt. Damit wird das Homosexualitätstabu unter Jungen thematisiert. Die Thematisierung beginnt in Szene 6/2, als Tschick Maik fragt, ob er schwul sei. Dieser reagiert darauf aggressiv, defensiv und spürt das Bedürfnis, ihm das Gegenteil zu beweisen. Tschick versucht dabei zu verbergen, dass er selbst homosexuell ist und spricht träumerisch und objektisierend über die Mädchen aus ihrer Klasse. Gleichzeitig lässt er Maik wissen, dass er es nicht schlimm fände, wenn dieser schwul wäre. Auch später wird das Thema Homosexualität immer wieder spaßend erwähnt, bspw. mit der neckenden Bemerkung: „Bist du sicher, dass du nicht schwul bist?“, weil Maik die klassische Musik im Auto gefällt (7/3). In Tschicks Verhalten zeigt sich die von Böhnisch (2013, S. 126) beschriebene Problematik mit der eigenen Sexualität, die darauf setzt andere der Homosexualität zu beschuldigen. An dem Begriff ‚schwul' haften die unerwünschten Eigenschaften des Unnormalen und ‚Nicht-Männlichen'. Tschick versucht dabei sich einerseits als heterosexuell zu tarnen, um soziale Ausgrenzung zu vermeiden, und Maik andererseits davon zu überzeugen, dass Homosexualität normal sei. An dieser Stelle zeigt sich, dass auch Tschick eine Veränderung durchlebt hat. Er bekennt sich zu seiner sexuellen Orientierung und somit zu einem Teil seiner bislang unterdrückten Identität. Maik reagiert nicht darauf, was zeigt, dass dies nichts an der Freundschaft der beiden verändert. In diesem Rahmen wird das Thema sexueller Orientierung bearbeitet und eine aufklärende Funktion erfüllt.

Die letzte signifikante Beziehung Maiks stellt die zu seinem Vater dar. Da auch dieser nur wenig Raum im Film gegeben wird und kaum eine Szene die Kriterien des Theoretical Sampling I erfüllt, soll auf eine Detailanalyse verzichtet werden. Maiks Vater Josef Klingendorf hat ein sehr distanziertes und desinteressiertes Verhältnis zu seiner Frau und seinem Sohn. Beruf und Geld stellen die höchsten Prioritäten in seinem Leben dar. Hierfür und für seine Affäre lässt er seine Familie immer wieder im Stich. Maik erfährt zu Beginn des Films, dass sein Vater seine Mutter betrügt (5/5). Daraufhin stellt er sich vor, den Vater und seine Freundin zu erschießen. Dies zeigt Maiks Passivität und das Leben in seiner Traumwelt, da er in der realen Welt keine Handlungsmöglichkeiten erkennt. Zwischen Maik und seinem Vater herrscht ein angespanntes Verhältnis. Sein Vater ist als Erziehungsberechtigter in einer Machtposition, die er insbesondere durch die materiellen Besitztümer, zu denen er der Familie verholfen hat, betont. Im Gegenzug erwartet er Dankbarkeit und Gehorsam. Maik lehnt sich gegen seine Autorität auf, indem er die Anordnungen des Vaters ignoriert (2/5). Zu Beginn des Films wehrt sich Maik gegen die Kontrollversuche seines Vaters mit Ignoranz oder Schweigen. Er wählt passive Konfliktstrategien und lässt die Reden seines Vaters über sich ergehen. Nach der Reise zeigt sich ein Wandel in Maiks Umgang mit seinem Vater. Er traut sich zum ersten Mal, seine Stimme gegen diesen zu erheben und sich zu wehren. Sein Vater ist sehr wütend als er von Maiks Ausflug erfährt und demütigt seinen Sohn durch Beleidigungen und Schläge. Hier zeigt sich das Bild, was der Vater von seinem Sohn hat, nämlich dass dieser wenig intelligent ist. Die Szene zeigt aber auch Maiks neugewonnenes Selbstwertgefühl. Josef scheint insbesondere Angst um seinen guten Ruf zu haben, denn er möchte, dass Maik bei der Gerichtsverhandlung der Anwältin das Reden überlässt und die Schuld auf Tschick geschoben wird. Maik verweigert sich dem Wunsch seines Vaters und entscheidet sich, vor Gericht die Wahrheit zu sagen. Er übernimmt damit Verantwortung für sein Handeln und zeigt seine innere Reifung. In der letzten Sequenz sehen die Rezipierenden wie der Vater mit seiner neuen Freundin auszieht. Wie es dazu gekommen ist, bleibt unklar und wie es weiter gehen wird fragt sich auch Maik (12/1).

Maiks heterosoziale Beziehungen unterscheiden sich stark von den homosozialen. In der Beziehung zu gleichaltrigen Mädchen ist er sehr schüchtern und zurückhaltend. Er erlebt Mädchen allein im romantischen Kontext, da er Gefühle für sie entwickelt. Es fällt ihm schwer, zu gleichaltrigen Jungen Freundschaften aufzubauen, zuletzt gelingt ihm dies jedoch mit Tschick. Hier scheint er entspannt, glücklich und befreit. Seine beiden Eltern haben wenig Zeit oder Kraft ihm Aufmerksamkeit zu schenken, was ihm keine erwachsenen Vorbilder lässt.

7.4 Analyse der Darstellung von Emotionen

Außer Verachtung, werden bei Maik im Verlauf des Films alle Basisemotionen sichtbar. Er erlebt Erfolge sowie Misserfolge, jedoch in sehr unterschiedlichem Ausmaß. Die am häufigsten gezeigte Emotion Maiks ist Freude. Auffällig ist dabei, dass diese sich erst zeigt, als seine Abenteuer mit Tschick beginnen. Auch die Erfolgserlebnisse fangen erst ab diesem Zeitpunkt an, da ihn Tschick zum Handeln motiviert. Hierdurch wird die wichtige Rolle Tschicks für Maiks Entwicklung sichtbar. Fortan zeigt Maik in vielen Momenten in denen die Jungen miteinander Spaß haben, Witze machen oder Erfolge erleben Freude. Die Erfolge stellen für Maik wichtige Momente in seiner Entwicklung dar, da er mit der Hilfe Tschicks erstmals seine eigenen Limitationen überwindet. Auf Erfolge reagiert er mit großer Freude. Er erlebt ebenso viele Erfolge wie Misserfolge, worauf er jedoch sehr unterschiedliche Reaktionen zeigt. Bei Misserfolgen neigt Maik dazu aufzugeben, weshalb Tschick ihn immer wieder dazu motivieren muss, weiterzumachen und einen Ausweg zu suchen (vgl. 8/5).

Die zweithäufigste Emotion, die bei Maik zu beobachten ist, ist Angst. Auch diese zeigt er erst mit Beginn des Roadtrips. Dies betont das monotone Leben Maiks vor der Reise, mit überwiegend negativen Erlebnissen. Seit dem Beginn des Roadtrips mit Tschick erlebt Maik eine Vielzahl von Abenteuern, wächst über sich selbst hinaus und scheint zum ersten Mal aktiv in der Realität zu leben. Vier Mal zeigt Maik Angst, weil er sich fürchtet, die Polizei könnte sie erwischen. Dies zeigt Maiks Verantwortungsbewusstsein aber auch seine Ängstlichkeit (vgl. 7/3). Die anderen Male zeigt er Angst, weil er glaubt, sich in einer bedrohlichen Situation zu befinden (vgl. 10/4). Angst dient zur Vorbereitung des Körpers auf eine Gefahr. Er reagiert damit evolutionär bedingt mit den Reaktionen Flucht, Erstarren oder Kampf (Ekman 2007, S. 217). In Situationen, die Maik nicht kontrollieren kann, bspw. weil Tschick am Steuer sitzt, verwandelt sich seine Angst in Panik (vgl. 7/6). In Situationen, in denen er allein mit dem Gefühl von Angst konfrontiert wird, neigt er zum Erstarren (vgl. 9/1).

Fünf Mal zeigt Maik Zorn. Dieser kommt hauptsächlich vor dem Reiseantritt zum Ausdruck, als er eine schlechte Note in Mathe erhält, keine Einladung zu Tatjanas Party bekommt und als er erkennt, dass sein Vater seine Mutter betrügt. Auf keine dieser Situationen folgen Taten. Stattdessen stellt Maik sich wiederholt Szenarien vor, um die Situationen aufzulösen. Maik lebt vor der Reise in einer Traumwelt, in die er sich flüchtet, weil er sich selbst nicht als wirkmächtig erkennt. Durch diese Darstellungen in Form des Mindscreen, also dass Maiks Innenwelt in Form von Fantasien oder Gedanken auf den Bildschirm gebracht wird, erhält der Film eine Subjektivität, durch die die Rezipierenden eine Nähe zu Maik aufbauen können.

Überraschung erlebt Maik im Film viermal. Dies geschieht in unerwarteten Situationen, deren Einordnung noch bevorsteht. Trauer empfindet Maik nur einmal, im Zusammenhang mit Zorn und Frustration über die nicht erhaltene

Einladung zu Tatjanas Geburtstag (4/3). Ekel zeigt er ebenfalls nur einmal, als sich Tschick vor der Klasse übergibt (3/2). Tschick ist die erste Person, der Maik einen Einblick in sein Gefühlsleben erlaubt. Er erzählt ihm von seiner Liebe zu Tatjana und von der Kränkung die er durch die nicht erhaltene Einladung erlebt hat. Er lässt Tschick dadurch sein Selbstbild erkennen. Dies kann auf eine bislang fehlende Bezugsperson hinweisen oder auf den Glauben zurückgeführt werden, Emotionen wie Angst und Trauer nicht äußern zu dürfen. Dies bestätigt sich durch die Verwendung von Sarkasmus und jugendsprachlichen Umschreibungen wie „Ich habe scheiß Laune", die Maik benutzt, um seine Gefühle zu kommunizieren (vgl. 6/2). Maik zeigt eine realistische Darstellung emotionalen Ausdrucks eines Jugendlichen.

7.5 Einordnung in die Männlichkeitstypen

Die Einordnung in Männlichkeitstypen erweist sich beim Film *Tschick* als schwierig, da Maik und Tschick während des Großteils des Films zu zweit unterwegs sind. Sie erscheinen als Gleichgesinnte, die ein ähnliches Lebensschicksal verbindet. Zwar fungiert Tschick als Motivator für Maik, dennoch zeigen sich beide größtenteils ebenbürtig und froh über die Gesellschaft des anderen. Tschick lässt sich in der Hierarchie über Maik einstufen, da dieser Bewunderung für ihn empfindet und er ihm als Vorbild und Mentor dient. Innerhalb ihrer Beziehung kann Tschick daher als hegemonial verstanden werden, während Maik komplizenhaft agiert. Als Isa Teil der Gruppe wird, zeigt sich Tschick zunächst aggressiv abweisend. Er versucht dadurch die Exklusivität der Freundschaft aufrechtzuerhalten und ordnet Isa damit sich und Maik unter. In der Klassengemeinschaft stehen Maik und Tschick in der hierarchischen Ordnung ganz unten. Dies zeigt sich durch ihren fehlenden Anschluss und ihre Spitznamen „Psycho" und „Assi". Die beiden können in diesem Kontext der untergeordneten Männlichkeit zugeordnet werden, da sie von der Gemeinschaft ausgeschlossen und abgewertet werden. Tschicks Geständnis seiner Homosexualität dient als Bestätigung dafür. Zwar erhält er Respekt, weil seine Mitschüler*innen Angst vor ihm haben, dies hilft ihm jedoch nicht Teil der Gemeinschaft zu werden oder Einfluss auszuüben.

Maiks Vater wird selten und ausschließlich in Beziehungsgefügen zu Frauen dargestellt, so dass keine zuverlässige Einschätzung möglich wird. Trotz seiner finanziell bedrängnisvollen Situation legt er hohen Wert darauf, durch Statussymbole Reichtum zu zeigen. Außerdem versucht er sich durch seine neue, junge und attraktive Freundin zu profilieren. Aufgrund seines Strebens nach Statussymbolen, kann er am ehesten als komplizenhafter Typ eingestuft werden, der versucht mit den Ansprüchen an Hegemonie mitzuhalten.

8. Diskussion

Mit der vorliegenden Arbeit wurde ein Ansatz zur Betrachtung von männlichen Darstellern in Jugendfilmen des 21. Jahrhundert vorgestellt. Dabei handelt es sich um die Filme: *The Fast and the Furious, Spider-Man, Guardians of the Galaxy* und *Tschick*. Es wurde eine Vielzahl von Männlichkeitstypen analysiert, die sich teilweise stark ähneln und in mancher Hinsicht grundsätzlich unterscheiden. Dabei zeigen sich Hinweise auf Veränderungen der gesellschaftlichen Rezeption und Erwartung an Männlichkeiten insbesondere im Kontext des zeitlichen Abstands der letzten beiden Filme. Ebenso zeigen sich große Unterschiede zwischen den Männlichkeitsdarstellungen in der deutschen Produktion *Tschick* im Vergleich zu den US-amerikanischen Hollywoodproduktionen. Die Annahme Barthelmes und Sanders (2001, S. 57f.) bezüglich der Thematisierung jugendspezifischer Probleme und Interessen findet in jedem der analysierten Filme Bestätigung. Insbesondere die Themen Liebe, Freundschaft und Zugehörigkeit zu einer Gruppe werden in allen Filmen thematisiert. In den beiden originären Jugendfilmen, *Spider-Man* und *Tschick,* wurden zudem die Themen des Erwachsen- bzw. Mannwerdens, die Suche nach der eigenen Identität sowie der Umgang mit der ersten Liebe thematisiert. Alle Protagonisten sind mit der Frage nach „richtig“ und „falsch“ sowie spezifischen Problemlösungen konfrontiert. Es wird ersichtlich, dass Jugendliche in Bezug auf die genannten Thematiken wie der Frage nach „Gut“ und „Böse“, der Bedeutung von Werten im Allgemeinen, der Entwicklung der eigenen (geschlechtlichen) Identität und vielen weiteren Themen Orientierung suchen (Ebda, S. 57f.). Alle Protagonisten sind in einen Wettbewerb bzw. Kampf verwickelt, in dem sie sich mit anderen Männern messen und schließlich siegen. Dies entspricht dem typischen innergeschlechtlichen Kampf um Dominanz und Hegemonie (Meuser 2016, S. 221). Eine Gemeinsamkeit aller Protagonisten ist ihr einzelgängerisches Auftreten und ihre Außenseiterposition zu Beginn der Filme. Die drei Protagonisten der Hollywoodproduktionen legen den Fokus darauf, ihre Probleme selbstständig zu lösen und vermeiden die Hilfe anderer. Alle Männer zeigen Zuneigung zu einer Frau und möchten diese erobern. Dabei spiegeln ihre Beziehungen zu Frauen Machtrelationen zwischen den Geschlechtern wider und liefern jugendlichen Rezipierenden Handlungsvorschläge. Liebe stellt sich bei den Hollywood-Männlichkeiten als einzige Quelle der Verletzlichkeit dar. Ansonsten wird Männlichkeit mit emotionaler Stabilität, Stärke und Rationalität verknüpft wodurch historisch verankerte männliche Stereotype untermauert werden. Nur *Guardians of the Galaxy* und *Tschick* räumen in Teilen mit solchen Konnotation auf und zeigen, dass Männlichkeit emotionalen Ausdruck nicht ausschließt.

Die jeweiligen Entwicklungen der analysierten Filmfiguren gehen in Richtung zunehmender Handlungsaktivität, speziell bei den Protagonisten, welche sich zu Beginn eher passiv zeigen. Sie lassen Niederlagen nicht auf sich beruhen, sondern kämpfen für ihre Werte und Ziele und gehen schlussendlich als Sieger hervor. In diesem Rahmen steigern sich Selbstbewusstsein, Charakterstärke, Mut und Aktivität. Dadurch werden diese Eigenschaften filmisch zu Idealen von Männlichkeit stilisiert. Lediglich Peter Parker stellt als Spider-Man eindeutig den hegemonialen Typus dar, während die anderen Protagonisten meist den komplizenhaften Typus verkörpern. Die soziale Stellung erhöht sich bei allen Protagonisten im Verlauf des Films, was mit einer sich verändernden Einordnung in die Männlichkeitstypen einhergeht und bei den Rezipierenden ein Streben nach hohem Status und Hegemonie motiviert. Peter Parker als Spider-Man und Brian O'Connor versinnbildlichen die von ihnen präsentierten Männlichkeitsideale geradezu. Sie zeigen durch körperliche und psychische Stärke, Furchtlosigkeit und Heldenhaftigkeit Annäherungen an idolisierte Männlichkeitsbilder. Weiterführend vermitteln alle Protagonisten eine Affinität zu Freundschaft und Aktivität. In jedem der Filme findet sich die implizite oder explizite Behandlung des Themas Männlichkeit. Dabei tragen die Hollywoodfilme jeweils zur grundsätzlich affirmativen Rezeption von idolisierten Männlichkeiten bei.

Die Hypothese, dass männliche Protagonisten in beliebten Jugendfilmen immer Darsteller der hegemonialen Männlichkeit sind und somit der Bestätigung eines idolisierten Männerbildes dienen, kann in dieser Ausschließlichkeit nicht bestätigt werden, sondern muss differenzierter betrachtet werden. Die Hypothese basiert auf der Annahme, dass hegemoniale Männlichkeit mit einem idolisierten Männlichkeitsbild gleichzustellen ist. Dies stellte sich in den Filmen oft, jedoch nicht immer, als wahr heraus. Böhnisch (2013, S. 95, 97, 232) beschreibt das idolisierte Männlichkeitsbild von Jugendlichen als einseitiges Bild, geprägt von Stärke, Kontrolle, Macht, Unabhängigkeit, Selbstbewusstsein und all den Eigenschaften, die die Mutter nicht aufweisen kann. Dies deckt sich in hohem Maße mit den Eigenschaften männlicher Hegemonie, die sich durch hohen sozialen Status, soziale Anerkennung und Dominanz sowie Macht in emotionalen und Produktionsbeziehungen auszeichnet (Connell 2015, S. 130-134). Dennoch können diese beiden Konzepte nicht vollständig gleichgesetzt werden, da Hegemonie sich in vielschichtigen Charakteren widerspiegeln kann und keine definierten Charaktermerkmale besitzt. Festzuhalten bleibt jedoch, dass sich die hegemonialen Männerfiguren der Filme zum großen Teil durchaus mit den idealisierten Männlichkeitsbildern decken. Dies fällt insbesondere durch die Figuren Domenic Toretto in *The Fast and the Furious* sowie Peter Parker in seiner Funktion als Spider-Man auf. Beide Figuren präsentieren sowohl hegemoniale als auch idolisierte Männlichkeiten. Anders hingegen zeigt es sich bei Peter Quill, der in Teilen der hegemonialen Männlichkeit zugeordnet werden kann, jedoch von Böhnischs Bild der idolisierten Männlichkeit deutlich abweicht. Das idealisierte Männerbild bleibt ein möglicher, stellt aber nicht unbedingt den hauptsächlichen Anziehungsfaktor für männliche Jugendliche dar. Reinhard Winters These (2013, S. 161-165), dass es bei der Beliebtheit von Filmfiguren bei Jugendlichen darum geht, dass der Held handlungsaktiv ist, ein starkes Charakterprofil besitzt und in seinem Erleben und Geschehen begleitet werden kann, wird durch die vorliegenden Analysen bestätigt. Damit geht jedoch nicht einher, dass der Protagonist jeweils die Hauptidentifikationsfigur für Jugendliche darstellt.

Durch die Analyse der Filmfiguren wurden Männlichkeiten sichtbar, denen männliche* Jugendliche in audiovisuellen Medien ausgesetzt werden und die auf sie attraktiv wirken. Sie zeigen ihnen neue Lebens- und Handlungsweisen, den Umgang mit Problemen und Niederlagen sowie Lösungsmöglichkeiten für jugendspezifische Probleme und Fragen (Böhnisch 2013, S. 154f.). Es stellt sich die Frage, ob solche Männlichkeitsdarstellungen als Vorbild für Jugendliche fungieren sollten. Die Frage nach einem ‚guten' oder ‚schlechten' Rollenvorbild ist eine schwierige, da sie nicht allein auf wissenschaftlichen Erkenntnissen, sondern auch auf persönlichen Wertvorstellungen beruht. Ein ‚gutes' Rollenvorbild soll dem Jungen* erlauben, sich in seinem Sein zu akzeptieren und damit Alternativen zu stereotypen Erwartungen an das Mannsein eröffnen. Es soll dem Jungen* dadurch möglich werden, sich selbst zu erfahren und sich ohne Verurteilung über sich oder seine Gedanken und Gefühle erleben, äußern und reflektieren zu können. Eine solche Darstellung konnte in keinem der Filme erkannt werden, doch erfüllen manche Protagonisten diese Kriterien eher als andere. Vor diesem Hintergrund muss jedoch auch die Frage gestellt werden, ob die Filmauswahl von Jugendlichen kritisiert werden sollte bzw. ob es sinnvoll ist, die Figuren nach ihrem pädagogischen Wert zu beurteilen. Schließlich wählen Jugendliche Filme aus, die sie interessieren und ansprechen, da sie auch aktuelle Themen aus ihren Lebenswelten behandeln. Dies zeigt ein Bedürfnis nach Thematisierung der präsentierten Probleme und Thematiken der Jugend. Die Filmauswahl Jugendlicher ist nicht zuletzt eine Reflexion ihrer Wünsche und Bedürfnisse. Durch die Filme sowie die theoretische Untermauerung wird sichtbar, dass Jungen* Medien gebrauchen, um Orientierung und Bestätigung von Geschlechteridentitäten zu finden. In den US-amerikanischen Filmen werden einseitige, binäre, soziale Kategorisierungsprozesse von Geschlecht reproduziert, welche weder der Realität entsprechen, noch zum offenen Umgang mit Geschlechtlichkeit und Sexualität beitragen. Dies ist in Anbetracht der leitenden Funktion von Medien, auf der Suche nach einer Geschlechtsidentität höchst problematisch und führt Handlungsbedarf auf.

An dieser Stelle muss die negative Konnotation von „idolisierten Männlichkeiten" hinterfragt werden. Peter Parker entwickelt sich im Verlauf des Films *Spider-Man* zu einem Vertreter idolisierter sowie hegemonialer Männlichkeit. Er ist sowohl physisch als auch psychisch stark, zeigt heldenhafte Eigenschaften und ist sowohl in hetero- als auch in homosozialen Beziehungen dominant. Er widmet sein Leben dem Kampf für das Gute und übernimmt die Verantwortung, die ihm auferlegt wurde. Dabei gelingt es dem Film, den klassischen Eigenschaften idolisierter, starker Männlichkeit eine Mehrschichtigkeit zu verleihen. Peter wird auch in emotionalen Situationen gezeigt. Er teilt sein Leid und seine Verletzlichkeit mit den Personen, die er liebt und den Rezipierenden, was ihn als Figur menschlicher und lebensnäher macht. Hierdurch bekommt eine idealisierte Männlichkeitsdarstellung eine Mehrschichtigkeit, die eine Verbindung zwischen Idolisierung und emotionaler Realität und Kompetenz herstellt. Nicht zuletzt kann ein Film wie *Spider-Man* dazu beitragen, neue und realistische Assoziationen zu kreieren, die zumindest einem cisgender-Jungen erlauben, neue Blickwinkel auf Männlichkeiten zu erhalten. Dennoch muss der Film aufgrund des essentialistischen und rein binären Geschlechterverständnisses kritisch betrachtet werden.

Die These von Barthelmes und Sander (2001, S. 147f.) über die Wichtigkeit der Darstellung „positiver" Männerbilder, also starker, stereotyper affirmativer Männlichkeiten, kann anhand der Filmbeispiele bestätigt werden. An den amerikanischen Filmbeispielen wird dies insbesondere in der Interaktion mit Frauen sichtbar. Die hierarchisch überlegene Position von Männern gegenüber Frauen wird unterstützt und zeigt sich gehäuft in ambivalentem Sexismus, also einem Zusammenspiel von hostilem und benevolentem Sexismus. In *The Fast and the Furious* werden Frauen zum einen als Objekt und Trophäen benutzt, zum anderen bedienen sie traditionelle Rollenmuster und werden als schutzbedürftig dargestellt. Im Film *Guardians of the Galaxy* wird Gamora als wichtigste Frau des Films zwar in einer starken Rolle gezeigt, jedoch ebenfalls strukturell unterdrückt. Gamoras intelligente Einwände werden stets durch Peter an die Gruppe vermittelt und aufgenommen, während auf Gamora selbst nicht gehört wird. *Spider-Man* bedient die Thesen des benevolenten Sexismus im Sinne des protektiven Paternalismus. Frauen werden hier als Schutzbedürftige dargestellt, wodurch sie auf Männer angewiesen sind und diesen den Raum zum Heldentum eröffnen. Die geringere Beliebtheit des Films *Tschick* erklärt sich u.a. aus der passiven, schwächlichen Außenseiterrolle des Protagonisten. Der Film zeigt einen alternativen Protagonisten, der ein realistisches Bild jugendlicher Realität zeigt. Dies beinhaltet demnach nicht nur glorreiche und heldenhafte Momente, sondern zeigt ebenso Niederlagen und Schwierigkeiten eines Jungen bzw. Mannes.

Eine weitere Erkenntnis in der Betrachtung der Filme ist deren kulturelle Einfältigkeit. Problematisch ist nicht nur die Tatsache, dass Black, Indigenous und People of Colour (BIPoC) prinzipiell dem marginalisierten Männlichkeitstypus angehören, sondern auch, dass die Filme diese Menschen grundlegend außen vor lassen oder ebendiesen Status Quo betonen. Nur im Film *The Fast and the Furious* sind People of Colour repräsentiert, dabei stehen sie in Rollen von Randfiguren und werden Stereotypen und abwertenden Darstellungen unterzogen. Die mangelnde Interkulturalität, stereotype Thematisierung und ethnozentristische Produktionsweise der Filme stellen einen Kritikpunkt und wichtigen Aspekt dar, wenn Jugendliche jene Filme konsumieren. Sie dienen zum großen Teil der Aufrechterhaltung und Legitimation von Diskriminierungsformen in der Gesellschaft und dürfen als solche nicht toleriert und reproduziert werden.

Die Neigung Jugendlicher zur Trennung von Freizeit und Bildung führt sie vermehrt zum Konsum kommerzialisierter Filme, die oft einseitige Männlichkeitsdarstellungen präsentieren. Qualitativere Jugendfilme können von ihnen zwar auch als gut empfunden werden, werden jedoch eher aufgrund moralisierender Inhalte in den ernsten, schulischen Bildungskontext eingeordnet und aus der Freizeit ferngehalten. Lust, Spaß, Spannung und hohe affektive Reize sind Faktoren, die Jugendliche zum Konsum motivieren und in Qualitätsfilmen meist fehlen. Der hohe Fokus auf Reflexionsaspekte in Qualitätsfilmen wirkt hingegen wenig fesselnd oder berührend (Winter 2013, S. 165f.). Der analysierte Film *Tschick* ist ein treffendes Beispiel für einen qualitativ hochwertigen Jugendfilm. Es sollte dennoch nicht darum gehen, Filme wie *The Fast and the Furious* aufgrund von mangelnden pädagogischen Inhalten und teils sexistischen, übertriebenen Männlichkeitsdarstellungen prinzipiell abzulehnen, sondern vielmehr darum, mit den Inhalten zu arbeiten. Dabei muss angemerkt werden, dass auch als positiv zu bewertende Inhalte aus den Filmen mitzunehmen sind, wie bspw. die Aufforderung zu sich selbst zu stehen. Die Lieblingsfilme von Jugendlichen können und sollen dafür verwendet werden, Fragen und Bedürfnisse dieser Altersgruppe zu erkennen und hierdurch als Ansatzpunkte der (medien)pädagogischen Arbeit mit Jungen* dienen. Dabei können Lieblingsfilme und Filmfiguren als Aufhänger genutzt werden, um mit Jungen* über Männlichkeiten bzw. Geschlechtlichkeit, über die Erwartung, die sie an sich gestellt fühlen, die Probleme, welchen sie entgegentreten, erste Erfahrungen mit der Liebe sowie den Wert von Freundschaft zu sprechen. Aufgrund der konsumorientierten Produktion der meisten Filme gilt es, die Jugendlichen anhand der gesehenen Bilder zur Reflexion anzuregen und somit einen bewussten Umgang mit Medieninhalten zu fördern. Eine reine Ablehnung der Inhalte kann nicht zuletzt vom Jugendlichen als Ablehnung oder Unverständnis seiner Selbst verstanden werden. Die Filmauswahl Jugendlicher wird zunehmend autonom und diese Wahl wird sie über ihr ganzes Leben begleiten. Es muss demnach darum gehen, Jungen* dort abzuholen, wo sie stehen und ihnen dabei zu helfen, Filminhalte und Darstellungsweisen zu hinterfragen und diesen kritisch gegenüberzutreten. Dies stellt keine Gutheißung der Filme dar, die großteils patriarchale, sexistische und zum Teil rassistische Inhalte zeigen. Beispielsweise kann das Thema des körperlich oder geistig abwesenden Vaters kann als große und eindeutige Gemeinsamkeit aller analysierten Filme gesehen werden. Das Thema zeigt sich dadurch als präsentes Thema unter jugendlichen Jungen und sollte damit in seiner Wichtigkeit ernst genommen werden. Für Politik und Gesellschaft sollte dies einen Anreiz darstellen, Veränderungen zu initiieren. Auch andere Aspekte, wie der oft einzelgängerische Bewältigungsversuch von Problemen, können und müssen aufgegriffen und mit Jugendlichen sowie gesamtgesellschaftlich diskutiert werden. Aus diesem Beispiel wird die Wertschöpfungspotential der Filme sichtbar, welches die Themen liefern die Jugendliche interessieren und beschäftigen.

Die Frage, was Mann* und Frau*, Männlichkeit und Weiblichkeit bedeuten, ist eine Frage, die unsere Gesellschaft noch lange beschäftigen wird und auch beschäftigen sollte. Männlichkeit wie sie sich in den Hollywoodfilmen zeigt und dadurch mit zu einem gesellschaftlichem Ideal verhilft, steckt in der Krise. Sie präsentiert Erwartungen von Stärke, Stabilität, Macht und Anerkennung und stellt zuletzt die Annahme einer strikt binären Trennung von Geschlechtern dar. Diese Krise kann allein durch die Reflexion und Neudefinition des Konstrukts Männlichkeit und männlicher Dominanz überwunden werden. Es bedarf eine grundlegende Auseinandersetzung mit den sich verändernden gesellschaftlichen Verhältnissen und ein Überdenken der Konzeption von Hegemonie. Versteht man, dass ein Körper immer einer sozialen Konnotation von Geschlecht unterzogen ist, wird auch nachvollziehbar, warum Geschlecht noch immer eine Variable ist, die über Möglichkeiten und Chancen entscheidet und warum eine Überdenkung bzw. Lockerung dieses Konzept notwendig wird. Gesetze wie das 2017 verabschiedete Gesetz über die Möglichkeit der Angabe „divers" im Geburtenregister sind wichtige Ergebnisse der Auseinandersetzung mit einem hochkomplexen Themengebiet. Derzeit inkludiert jenes Gesetz aber allein Menschen, deren körperliche Merkmale nicht eindeutig zuordenbar sind. Der Umgang mit nicht-Binären oder Trans-Menschen sowie die soziale Auseinandersetzung mit der Thematik von Identifikationen fernab von Mann* und Frau* liegen noch weit entfernt vom Mainstream, erhalten jedoch zurecht langsam mehr Raum. Noch immer finden sich sowohl in Gesellschaft als auch Politik starke Neigungen zur essentialistischen Biologisierung von Geschlecht, die weiter thematisiert und hinterfragt werden müssen. In den vergangenen Jahrzehnten ist viel geschehen, um Geschlechtergerechtigkeit zu fördern. Es muss klarwerden, dass keine Veränderung der Geschlechterverhältnisse nachhaltig gestaltet werden kann, wenn nur eine Seite des Problems bearbeitet wird. Es muss gesehen werden, dass auch Männer* dem Druck von Anforderungen an Männlichkeit unterworfen sind und somit Geschlechtergerechtigkeit für alle Geschlechter neue Wege eröffnen kann und soll. Hierzu bedarf es auch eine Reflexion der aktuellen Vorstellungen und Erwartungen an das Mannsein und Männlichkeiten. Es soll demnach nicht nur Frauen* möglich werden, in historisch männliche Berufe einzusteigen sowie historisch männliche Charakteristiken ohne Stigmatisierung ausleben zu dürfen, sondern auch umgekehrt Männern* ermöglicht werden, historisch weibliche Berufe und Eigenschaften zu leben. Dazu muss die soziale Konnotation von Eigenschaften an den Begrifflichkeiten Männlich- und Weiblichkeit, sowie Mann* und Frau* in ihren Machtverstrickungen verstanden und aufgebrochen werden.

Es ist allzu einfach Medien als reinen Unterhaltungsbereich zu betrachten. Die vorliegende Arbeit möchte dazu beigetragen, die tiefere Funktion und Bedeutung dieser zu verdeutlichen. Die Verfasserin vertritt im Diskurs über Medien und Medienpädagogik eine kritisch-optimistische Haltung. Medien gehören zum Alltagserleben von Jugendlichen. Sie bergen Risiken und Chancen und sind nicht mehr aus deren Lebenswelt wegzudenken. Hierdurch entspringt die Relevanz der pädagogischen Intervention in der Förderung von Medienkompetenz sowohl bei Kindern und Jugendlichen als auch bei pädagogischen Fachkräften und Eltern. Bei Jugendlichen geht es darum, einen reflektierten Umgang mit den Medien zu entwickeln, um gezeigte Konzepte, Konstrukte und Bilder aktiv und kritisch zu hinterfragen. Bei den pädagogischen Mitarbeiter*innen und den Eltern geht es darum, ihre Sensibilität für den Medienkonsum von Kindern und Jugendlichen zu schärfen, dessen Hintergründe besser zu verstehen und zu nutzen. Kommerzialisierte Massenmedien sind unveränderlich, wodurch die Kaptivation Jugendlicher vorbestimmt ist. Es gilt also nicht allein die Konsumpräferenzen Jugendlicher zu hinterfragen, sondern Kinder, Jugendliche und

Erwachsene zu einem kompetenten, reflexiven und kritischen Medienkonsum zu bewegen.

Durch die sichtbare Bedienung männlicher Ideale und Stereotypen sowie der Beliebtheit der analysierten Filme und solchen die Männlichkeiten verherrlichen wird deutlich, dass Jungen* mehr Unterstützung in der Entwicklung einer Geschlechtsidentität benötigen, um sich von idolisierten Männlichkeitsanforderungen distanzieren zu können und sich nicht an den binären Darstellungen der Filme orientieren zu müssen. Sie sollen in ihrer Identitätsbildung gefördert werden, um unabhängig von medialen Darstellungen ein positives Selbstkonzept entwickeln zu können. Die vorliegende Arbeit will als Appell verstanden werden, weitere politische Maßnahmen in Kraft zu setzen, um eine offeneres und egalitäres Familienleben gestalten zu können. Zudem gehört die Förderung männlicher* Fachkräfte in sozialen und pädagogischen Arbeitsbereichen zu den notwendigen Maßnahmen, um sowohl Jungen* als auch Mädchen* eine höhere Variation und Diversität an sozialem Erleben zu ermöglichen. Grundsätzlich gilt es, der historisch diskriminierenden Feminisierung von Care-Arbeit entgegenzuwirken und somit die Sektoren der Bildungs-, Pflege-, Erziehungs- und Sozialer Arbeit gendergerecht und divers zu gestalten.

8.1 Kritik an der Theorie Lothar Böhnischs

Die Theorie Lothar Böhnischs über die männliche Sozialisation diente als Leitfaden der Arbeit. Böhnisch liefert viele interessante Betrachtungsweisen, dennoch sollte seine Theorie einer kritischen Betrachtung unterzogen werden. Darin betont er häufig mental oder auch räumlich abwesenden Väter, deren Abwesenheit eine Reihe von Problemen bei ihren Söhnen auslöse. Diese Aussage gilt es vor dem Hintergrund des Väterreports des BMFSFJ zu hinterfragen, denn dieser zeigt ein weitaus differenzierteres Bild von Vätern heute. Knapp 70% der befragten Väter mit einem Kind unter sechs Jahren beteiligen sich deutlich mehr an der Erziehung und Betreuung ihrer Kinder, als ihre eigenen Väter es taten (BMFSFJ 2018, S. 11). Dabei zeigen Väter heute einen erhöhten Anspruch an ihre Rolle, insbesondere in Bezug auf die gemeinsam verbrachte Zeit mit ihren Kindern. Die Anforderungen der Gesellschaft an die Rolle des Vaters haben sich stark verändert. Es wird erwartet, den eigenen Kindern Zeit und Interesse zu widmen sowie sich partnerschaftlich zu verhalten, bspw. durch die Übernahme von Haushaltsaufgaben oder durch Unterstützung der beruflichen Aspirationen der Partner*in. Das Gefühl der Verantwortung für die materielle Stabilität der Familie sehen Väter noch immer in ihren Händen, jedoch fokussiert sich nur noch ein geringer Teil allein auf diese Aufgabe (Ebda, S. 12f.). Anzumerken bleibt jedoch, dass im Jahr 2019 16,5% der Familien in Deutschland Einelternfamilien mit mütterlichem Haupterziehungsanteil darstellen (DeStatis 2019). Dies zeigt eine hohe Anzahl von Kindern bzw. Jungen* auf, denen ein männliches Rollenvorbild im häuslichen Alltag maßgeblich fehlt.

Wenn Böhnisch von Frauen spricht, geht er von historisch verankerten Zuschreibungen und Charakteristiken aus und schreibt ihnen bspw. pauschal mehr Fürsorglichkeit oder Gefühlsbetontheit zu als Männern. Eine solche geschlechtsstereotype Pauschalisierung muss mit Vorsicht betrachtet und empirisch belegt werden. Zudem ist anzumerken, dass Böhnisch allein von Männern und Frauen spricht und damit eine biologische und soziale Binarität voraussetzt, die zu hinterfragen ist. Hierbei setzt er zur adäquaten Entwicklung eines Kindes sowohl Mutter als auch Vater voraus und unterdrückt damit den Diskurs um gleichgeschlechtliche Elternpaare, den die fachspezifische Wissenschaft schon lange als ebenbürtig zum traditionellen Familienbild anerkannt hat.

Böhnisch formuliert in seiner Theorie viele Einsichten, die sich in der vorliegenden Arbeit anhand der Filmanalysen bestätigen ließen. Er beschreibt zum einen die Verfügbarkeit idolisierter Männlichkeitsbilder in den Medien, was durch die ausgewählten Filme bestätigt werden konnte. Weiter kann in einigen Filmen das Prinzip der Umwegidentifikation wiedererkannt werden. Männlichkeit zeigt sich am Beispiel Peter Parkers an dem, was er zu Beginn nicht ist. Im selben Maße werden Frauen, wie Mary-Jane (*Spider-Man*) oder Mia (*The Fast and the Furious*) dazu verwendet, Männlichkeit durch die stereotypisierte Darstellung von Weiblichkeit, in Abgrenzung zu dieser zu definieren. Weiter bestätigt sich die Abwertung des Weiblichen und das einseitige, affirmative Männerbild in den ersten beiden Filmen. In den beiden später besprochenen Filmen sind veränderte Darstellungen von Männlichkeit auch in Bezug auf Weiblichkeit sowie starke weibliche Figuren erkennbar. Dies kann mitunter durch die mehr als zehn Jahre erklärt werden, die zwischen den Produktionen liegen und somit gesellschaftliche Veränderungen aufzeigen können.

Böhnisch beschreibt grundlegend wichtige und in der Empirie erkannte Phänomene des jugendlichen Medienkonsums. Er erkennt Medien neben der Familie, Peergroup und sozialen Umgebung als sozialisationswirksamen Faktor an und benennt dabei die Rolle der Medien als Objekt zur Bestätigung idolisierter Männlichkeitsbilder (Böhnisch 2013, S. 155f). Dabei ist nicht nur in Böhnischs Theorie, sondern auch in den Filmen höchst problematisch, dass allein cisgender-Jugendliche überhaupt ein Geschlechtervorbild erhalten könnten. Ein Identifikationspotenzial für nicht-binäre Jugendliche ist in den analysierten Filmen sowie dem Großteil der Jugendfilmlandschaft von vornherein nicht möglich. Diesen Filmen kann die nicht verhältnismäßige und nicht repräsentative Reproduktion und Verfestigung von Zweigeschlechtlichkeit vorgeworfen werden. Darüber hinaus erkennt Böhnisch das gezielte, jedoch meist verdeckte Ansprechen jugendspezifischer Themen und Probleme, wodurch die medialen Darstellungen besonders attraktiv für jugendliche Jungen* werden (Ebda, S. 155f.). Dies konnte auch in der Filmanalyse, sowohl in originären als auch faktischen Jugendfilmen erkannt werden. In einigen Kapiteln äußert sich Böhnisch zu Unterschieden zwischen Jugendlichen und legt dabei besonderen Fokus auf Jungen* mit Migrationshintergrund. Dies zeigt eine gewisse Differenzierung von Lebenswelten Jugendlicher, was positiv zu bewerten ist, jedoch müsste eine größere Bandbreite an Lebensbedingungen behandelt werden, um eine präzisere Analyse erstellen zu können. Zur Bestätigung von Böhnischs Theorie der männlichen Sozialisation (2013) bedürfte es einer präziseren Erforschung der Korrelation zwischen Unsicherheit bezüglich der Geschlechtsidentität, abwesenden Vätern und der Präferenz von Filmen, die idolisierte Männlichkeitsvorstellungen bedienen.

8.2 Kritik an der Theorie Raewyn Connells

Die Theorie der vier Typen von Männlichkeiten von Raewyn Connell diente der Arbeit als Vorlage zur Kategorisierung der männlichen Haupt- und Nebenfiguren sowie zum allgemeinen Verständnis der Thematik. Sie war in der Analyse der Filmfiguren ein nützliches Hilfsmittel, die ein besseres Verständnis der Beziehungen und Machtstrukturen der Männer untereinander ermöglichte. Positiv zu bewerten ist insbesondere die Überlegung, dass sich die Klassifizierung eines Mannes* in jeder sozialen Situation neu entscheiden kann. Dies lässt sich anhand der Filmfiguren bestätigen, wobei meist mit der inneren Reifung der Figur eine Veränderung des Typus einherging. Dabei gelang es beinahe allen Protagonisten, hierarchisch aufzusteigen. Es zeigte sich in den Filmen die Konnotation von Hegemonie mit historisch angelegten Merkmalen von Männlichkeit wie emotionaler Stabilität, physischer Stärke und Aktivität. Außerdem zeigt dies die Fügung in die und damit Legitimation der bestehenden Hierarchie und den Druck, hegemoniale Eigenschaften aufzuweisen. Nur Maik im Film *Tschick* opponiert gegen den vorhandenen Status quo und zeigt, dass zu sich selbst zu stehen eine größere Macht entfaltet, als sich zu fügen. Auch er leidet jedoch lange unter seinem Mangel an traditionell männlichen Eigenschaften.

Die männlichen Filmfiguren ließen sich meist gut in das von Connell vorgeschlagene Schema einordnen. Dennoch fiel es bei einigen Filmen und Figuren schwer, eine passende Zuordnung zu finden. Dies verdeutlicht die Rigidität der Theorie und macht eine Kritik möglich. Es bleibt anzumerken, dass Filmfiguren überbetonte Charaktere besitzen können, die in dieser Form nicht in der Realität anzutreffen sind. Weiter werden Figuren nur in gewissen Ausschnitten und Situationen gezeigt, was eine ganzheitliche Erfassung ihres Wesens unmöglich macht. Nichtsdestotrotz beleuchten sie die Schwächen des Modells. Oftmals fiel es schwer, die Grenze zwischen den unterschiedlichen Typen zu ziehen. Es findet sich eine hierarchische, vertikale Ordnung der Typen mit der Hegemonie an der Spitze und der Unterordnung am unteren Ende sowie Marginalisierung außerhalb der Hierarchie. Diese wurden in den Filmen jedoch nicht als klar abgegrenzt erlebt, sondern konnten vielmehr in fließenden Übergängen erkannt werden. Die Schwierigkeiten der schematischen Einordnung von Männern* sowie das Erkennen hegemonialer Strukturen werden auch in der Forschungsliteratur kritisiert (Meuser 2016, S. 221). Durch die Beobachtung von intragruppalen Hierarchien, erscheint das Konzept Connells als vertikaler Hierarchiestrang. Damit ergibt sich die Annahme, dass menschliche Beziehungen allzeit einer Hierarchie unterliegen. Ob es in Beziehungen eine rein vertikale Hierarchieordnung gibt oder geben muss, soll an dieser Stelle als weiterführende Frage benannt werden. Außerdem stellt sich die Frage nach von Connell nicht erfassten Männlichkeitstypen. Bei Peter Parker kann bspw. nicht immer eine eindeutige Zuordnung stattfinden da er zwar durch seine Kräfte anderen Menschen überlegen ist, diese Überlegenheit oder Dominanz jedoch in keiner Weise präsentiert. Die Möglichkeit eines nicht-kompetitiven Männlichkeitstyps, der kein Interesse an hierarchischer Ordnung zeigt, oder gar versucht sich einer solchen zu entziehen, muss erwähnt werden. Die Infragestellung von Hegemonie ist laut Connell ein natürliches gesellschaftliches Phänomen (Connell 2015, S. 113). Dies macht es jedoch schwierig, diejenigen, die die Hegemonie anzweifeln, in einen Typus einzuordnen. Männer*, die Hegemonie oder das patriarchale System ablehnen, können demnach nur als untergeordnet oder marginalisiert in das Schema eingeordnet werden, wenn sie sich aktiv den Vorzügen ihres Geschlechts oder der vorherrschenden Hegemonie widersetzen. Hier wird eine Lücke in Connells Theorie deutlich.

Am Beispiel Peter Quills ist ein weiteres Defizit der Typisierung auffällig. Connell fokussiert allein die Außensicht auf den Mann sowie seine Position in Beziehungen und Produktionsverhältnissen. Dabei wird die eigene Einschätzung bzw. innere Wahrnehmung des Mannes vernachlässigt. Dies zeigt sich bei Peter durch seine Einordnung in die komplizenhafte Männlichkeit. Er hat ein großes Selbstbewusstsein und lässt immer wieder spüren, dass er sich für besonders und machtvoll hält. Demzufolge wäre Peter hinsichtlich seines Selbstbildes als hegemonial einzuordnen, nach äußeren Umständen jedoch großenteils als komplizenhaft. Die Erklärung der Hegemonie, besetzt mit Macht und Dominanz in sozialen Beziehungen, erweckt den Eindruck, dass hegemoniale Männer keine Schwächen, Ängste oder Probleme hätten. Dies spiegelt sich zwar in den hegemonialen Filmfiguren wider, kann in der Realität jedoch nicht gelebt werden. Reinhard Winter merkt dazu an, dass Medienfiguren von Jugendlichen einfacher als Helden und somit als Vertreter hegemonialer Männlichkeit genutzt werden können, da sie „Komplexität und Vielfalt reduziert darstellen […]“ (Winter 2013, S. 158). Die einseitige Darstellung von Männlichkeit wird im Film dadurch erleichtert, dass Figuren begrenzt und nicht in ihrer Ganzheitlichkeit dargestellt werden können oder müssen. Trotzdem bedeutet das nicht, dass schwache, unterdrückte Anteile nicht vorhanden sind. Connell benennt allein die machtvolle Seite der Hegemonie, lässt jedoch außen vor, dass Männer* den Ansprüchen zum Erhalt und der Legitimation von Hegemonie ebenso unterliegen und damit jederzeit dem Druck ausgesetzt sind, die Fassade der Hegemonie aufrechtzuerhalten.

Die leichte Veränderlichkeit der Typen ist ein weiterer Aspekt, der in der Analyse der Figuren auffällt. Diese macht es schwierig, an den Konzepten der vier Typen festzuhalten. Anhand der analysierten Filme wurde festgestellt, dass die Veränderung einer Einstellung oder eine einfache Handlung zur raschen Veränderung des Männlichkeitstypus führen kann. Diese Variation an Männlichkeitsmustern stellen auch Wetherell und Edley (1999) in Bezug auf Connells Theorie heraus. Sie beschreiben, dass Männer „situationsspezifisch aus einem kulturellen Repertoire maskulinen Verhaltens“ auswählen und sich damit nicht konstant an ein Männlichkeitsmuster binden (Connell 2015, S. 34).

Connell sprach 1979 erstmals über ihr Konzept der hegemonialen Männlichkeit. Trotz fortlaufender Anpassungen ist aufgrund des gesellschaftlichen Wandels eine Veränderung der Wahrnehmung von Männlichkeiten anzunehmen. Die Behauptung Connells, dass homosexuelle Männer aus Prinzip dem untergeordneten Typus angehören, mag noch vielerorts Berechtigung finden. Vergleicht man bspw. die konservative, LGBTQ+-feindliche Politik Polens mit der liberalen Auseinandersetzung mit Geschlecht und Geschlechtlichkeit in den Niederlanden, wird dieser Unterschied schnell sichtbar. Dieses Beispiel zeigt, dass die ‚westliche Kultur‘ nicht pauschalisiert werden kann und sich teils große Unterschiede in Hierarchiestrukturen in Politik und Gesellschaft entwickelt haben.

Demnach soll in Frage gestellt werden, ob sich das Konzept noch immer kulturübergreifend auf westliche Gesellschaften übertragen lässt. Auch in der wissenschaftlichen Forschung wird Kritik an Connells Konzept erkennbar. So wird kritisiert, dass verschiedene Bedeutungsebenen von hegemonialer Männlichkeit vermischt werden. Gemeint wird dabei Hegemonie in der Funktion der männlichen Dominanz im Kontrast zu Hegemonie als politisches Mittel zur Regulierung von Geschlechterverhältnissen (Meuser 2016, S. 221).

Dass Männer* unter dem Druck von gesellschaftlich verbreiteten Bildern idealisierter Männlichkeiten stehen und damit in ihren personalen Entwicklungen und Freiheiten beschränkt werden, zeigt sich anhand der Darstellung der Männlichkeiten im Film. Der Hang zur idolisierten, also stark einseitigen, Darstellung zeigt sich insbesondere in *The Fast and The Furious* und *Spider-Man* sowie vielen anderen nicht in dieser Arbeit untersuchten Jugendfilmen. Ebenso finden sich die von Connell beschriebenen Wiedersprüche der gesellschaftlichen Erwartungen an Männlichkeiten in den Männlichkeitsdarstellungen der Filme wieder. Filme wie *The Fast and the Furious* zeigen die Unterdrückung von Emotionen bei Männern* und stellen dies gewissermaßen lobend als Norm dar. Die Theorie ist zur primären Klassifizierung und zum Überblicken der Figurenbeziehungen und Hierarchien gut geeignet, zeigt jedoch in ihrer Konstruktion vereinzelt Defizite.

9. Fazit

Jugendliche suchen Antworten auf eine Vielzahl von Fragen. Dazu gehört nicht zuletzt die Frage danach, wann ein Mann* ein Mann* ist. Medien, wie die hier analysierten Filme, liefern ihnen darauf vereinfachte Antworten, die die Komplexität sowohl der Frage als auch der Realität verkennen. Die Protagonist*innen stellen diverse Ausführungen von Männlichkeiten dar, denen stets ein Ideal zugrunde liegt. Oft wurden dabei die Wurzeln traditioneller, patriarchaler Männlichkeitsverständnisse sichtbar, teilweise wurden jedoch auch neue Entwürfe für Männlichkeiten angeboten. In den Hollywoodproduktionen zeigt sich die Neigung zur Darstellung idolisierter Männlichkeiten. Der deutsche Film *Tschick* stellt hierzu insofern einen Kontrast dar, als er eine realistische Darstellung Jugendlicher fokussiert. Trotz der Idolisierungstendenzen, wurde festgestellt, dass die Protagonisten nicht immer Vertreter hegemonialer Männlichkeit sind, sondern öfter komplizenhafte Anteile zeigen. Sichtbar wird, dass Mannsein* keine eindeutige Darstellung oder Definition kennt. Der Begriff der Männlichkeiten im Plural liefert damit das passende Instrument, um über Erwartungen und Realitäten des Mannseins* zu diskutieren. Die vielen thematischen Ähnlichkeiten zwischen den Filmen liefern Hinweise auf die Lebenswelten Jugendlicher. So wird das Thema des abwesenden Vaters, die Behandlung der Bedeutung des Mannseins* sowie der Begegnung mit der ersten Liebe und Freundschaften in jedem der Filme behandelt. Dies und die dargestellte Wirkung, die mediale Inhalte auf Jugendliche ausüben, begründet die Relevanz der verstärkten Förderung (medien)pädagogischer Arbeit mit Jungen*.

9.1 Kritik

In der vorliegenden Arbeit wurden vier Filme analysiert. Dies stellt im Angesicht der hohen Produktionszahl ein sehr geringes Spektrum dar. Es kann festgehalten werden, dass durchaus relevante Aspekte gefunden und Grundmuster von Männlichkeitsdarstellungen erkannt werden konnten. Eine Verallgemeinerung der Ergebnisse ist jedoch nicht möglich. Die Arbeit dient vielmehr als Ansatzpunkt für ein Thema, das weiterer Forschung bedarf. Weiter konnten aufgrund der formellen Beschränkung der Arbeit viele Themen oder Inhalte nicht in dem Maße behandelt werden, in dem es wünschenswert gewesen wäre. Dies zeigt sich insbesondere an den theoretischen Betrachtungen von Thematiken wie Kino, Fernsehen, Film und Mediengebrauch.

Kritik ist weiterführend in der Thematisierung von Jugendlichen angebracht. Da Jugendliche nicht als homogene Gruppe betrachtet werden können, gilt es bei verallgemeinerten Feststellungen über Jugendliche Vorsicht zu wahren. Zwar gibt es Themen, die alle Jugendlichen betreffen, wie das Ziel des Erwachsenwerdens, bestimmte Entwicklungsaufgaben oder das Alter. Dennoch sind die Lebenswelten von Jugendlichen von Pluralität geprägt, wodurch es schwierig wird, von Jugendlichen im Allgemeinen zu sprechen.

9.2 Ausblick

Zur weiteren Verfestigung der aufgestellten Thesen und Erkenntnisse wäre es wichtig, die Filme aus der Sicht von Jugendlichen kennenzulernen. Dabei wäre es spannend, Jugendlichen die analysierten Filme zu zeigen und daraufhin zu ermitteln, wie sie welche Figuren wahrgenommen haben und welche sie am meisten ansprechen. Außerdem müsste tiefer erforscht werden, in welchem Sinne die Figuren Einfluss auf die Jugendlichen nehmen. Eine solche Untersuchung würde ein Kennenlernen der Filme und Filmfiguren aus dem Blick von Jugendlichen ermöglichen und somit ein Verständnis dafür schaffen, welche Figuren sie favorisieren und für sie tatsächlich als Vorbilder fungieren. Darüber hinaus wäre es interessant und wichtig zu erforschen, inwiefern Jugendliche in Bezug auf ihre Geschlechtsidentität Druck wahrnehmen bzw. welchen Anforderungen sie sich ausgesetzt fühlen. Grundsätzlich braucht es, um Veränderung zu ermöglichen, ein Wissen darüber, wie Geschlecht, Geschlechterrollen und deren Attribute derzeit in der Gesellschaft wahrgenommen werden.

Insgesamt wäre es wichtig, Jugendliche sowohl in die Forschung miteinzubeziehen als auch in die Gestaltung von medienpädagogischen Angeboten zu involvieren. So kann garantiert werden, dass auf die tatsächlichen Wünsche und Bedürfnisse von Jugendlichen eingegangen werden kann und praxisnah gearbeitet wird. Dass der Bedarf vorliegt, wurde in dieser Arbeit vielfach aufgezeigt.

Film- und Bildverzeichnis

Guardians of the Galaxy (USA 2014, R: James Gunn) Marvel Studios

Spider-Man (USA 2002, R: Sam Raimi) Columbia Studios

The Fast and the Furious (USA 2001, R: Rob Cohen) Universal Studios

Tschick (D 2016; R: Fatih Akin) StudioCanal

Literaturverzeichnis

Barthelmes, Jürgen; Sander, Ekkehard (2001): Erst die Freunde, dann die Medien. Medien als Begleiter in Pubertät und Adoleszenz, Verlag Deutsches Jugendinstitut

Beauvoir, Simone de (1992): Das andere Geschlecht. Sitte und Sexus der Frau, Rowohlt

Böhnisch, Lothar (2010): Die Ambivalenz der Geschlechternivellierung, in: Horlacher, Stefan (Hg.) (2010): „Wann ist die Frau eine Frau?" – „wann ist der Mann ein Mann?". Konstruktionen von Geschlechtlichkeit von der Antike bis ins 21. Jahrhundert, Königshausen & Neumann

Böhnisch, Lothar (2. Überarb. Aufl.) (2013): Männliche Sozialisation. Eine Einführung, Beltz Juventa Verlag

Bröckling, Ulrich (2019): „Antihelden", In: Compendium heroicum. Hg. von Ronald G. Asch, Achim Aurnhammer, Georg Feitscher und Anna Schreurs-Morét, publiziert vom Sonderforschungsbereich 948 „Helden – Heroisierungen – Heroismen", Universität Freiburg (28.02.2019)

Bundesministeriums für Familie, Senioren, Frauen und Jugend (BMFSFJ) (2018): Väterreport. Vater sein in Deutschland heute

Connell, Robert W. (2000a): Die Wissenschaft von der Männlichkeit, in: Bosse, Hans; King, Vera (Hg.) (2000): Männlichkeitsentwürfe. Wandlungen und Widerstände im Geschlechterverhältnis, Campus Verlag

Connell, Robert W. (2000b): The Men and the Boys, Australian Print Group

Connell, Raewyn (4. Akt. Aufl.) (2015): Der gemachte Mann. Konstruktion und Krise von Männlichkeiten, Springer VS

Eder, Jens (2006): Imaginative Nähe zu Figuren, in: Montage AV. Zeitschrift für Theorie und Geschichte audiovisueller Kommunikation, Jg. 15 (2006), Nr. 2, S. 135–160.

Eder, Jens (2008): Die Figur im Film. Grundlagen der Figurenanalyse, Schüren Verlag

Ekman, Paul (2007): Gefühle lesen. Wie sie Emotionen erkennen und richtig interpretieren, Springer

Fenske, Uta (2015): Film, in: Horlacher, Stefan; Jansen, Bettina; Schwanebeck, Wieland (Hg.) (2016): Männlichkeit. Ein interdisziplinäres Handbuch, Springer Verlag

Hagemann-White, Carol (1984): Sozialisation: Weiblich-männlich? Springer VS

Hickethier, Knut (5. Aufl.) (2012): Film- und Fernsehanalyse, J.B. Metzler

Hißnauer, Christian; Klein, Thomas (Hg.) (2002): Männer, Machos, Memmen. Männlichkeit im Film, Bender Verlag

Kaiser, Sabine (2015): Mediensozialisation, in: von Gross, Friederike; Meister, Dorothee; Sander, Uwe (Hg.) (2015): Medienpädagogik. Ein Überblick, Beltz Juventa

Kurwinkel, Tobias; Schmerheim, Philipp (2013): Kinder- und Jugendfilmanalyse, UVK Verlagsgesellschaft

Kutscher, Nadia (2015): Jugend und Medien, in: Rauschenbach, Thomas; Borrmann, Stefan (Hg.) (2015): Herausforderungen des Jugendalters, Beltz Juventa

Medienpädagogischer Forschungsverbund Südwest (2000): JIM-Studie. Jugend, Information, (Multi-) Media. Basisuntersuchung zum Medienumgang 12- bis 19-Jähriger in Deutschland

Medienpädagogischer Forschungsverbund Südwest (2020): JIM-Studie. Jugend, Information, Medien. Basisuntersuchung zum Medienumgang 12- bis 19-Jähriger in Deutschland

Meuser, Michael (3. Aufl.) (2010): Geschlecht und Männlichkeit. Soziologische Theorie und kulturelle Deutungsmuster, VS Verlag

Meuser, Michael (2016): Soziologie, in: Horlacher, Stefan; Jansen, Bettina; Schwanebeck, Wieland (Hg.) (2016): Männlichkeit. Ein interdisziplinäres Handbuch, Springer Verlag

Peltzer, Anja; Keppler, Angela (2015): Die soziologische Film- und Fernsehanalyse. Eine Einführung, De Gruyter

Röhr, Laura; Hoeft, Lina (2011): Oft gemeint und trotzdem überhört. Ein Leitfaden zum Geschlechtersensiblen Sprachgebrauch, AStA der Hochschule für Angewandte Wissenschaften

Süss, Daniel; Waller, Gregor; Häberli, Rebekka; Luchsinger, Selina; Sieber, Valanda; Suppiger, Iria; Willemse, Isabel (2008): Der Zugang Jugendlicher zur Filmkultur. Schweizer Jugendliche im Umgang mit Medien, mit einem besonderen Fokus auf Film und Kino, Züricher Hochschule für angewandte Wissenschaft

Internetquellen

Box Office Mojo (2021): Weltweites Einspielergebnis (in Millionen US-Dollar) der erfolgreichsten Kino Filme aller Zeiten. Zitiert nach de.statista.com: https://de.statista.com/statistik/daten/studie/2272/umfrage/die-15-erfolgreichsten-filme-aller-zeiten/#professional, zuletzt eingesehen am 30. 03.2021, 14:35

Destatis (2019): Zeitvergleich Familien in Deutschland: https://www.destatis.de/DE/Themen/Gesellschaft-Umwelt/Bevoelkerung/Haushalte-Familien/Tabellen/2-8-lr-familien.html, zuletzt eingesehen am: 03.04.2021, 19:33

FFA Filmhitliste (2021): https://www.ffa.de/filmhitlisten.html, zuletzt eingesehen am: 12.03.2021, 10:14

Anhang

Sequenzprotokoll: The Fast and the Furious

Seqz. Nr.	Titel der Sequenz	Szenen Nr.	Zeit	Szeneninhalt
1	Einführung der wichtigsten Figuren	1	00:36	Das Team überfallt einen LKW.
		2	3:07	Brian rast mit seinem Auto und verliert die Kontrolle.
		3	4:07	Brian unterhält sich mit Mia im Café Toretto's.
		4	5:29	Das Team kommt ins Café. Brian und Vince prügeln sich.
		5	9:10	Brians Arbeitgeber Harry schimpft mit ihm.
2	Das erste Autorennen	1	10:20	Brian geht zum Autorennen und wird als Außenseiter behandelt.
		2	12:32	Domenic und das Team kommen zum Rennen. Brian setzt seien Auto als Wetteinsatz ein um mitfahren zu dürfen.
		3	14:50	Domenic gewinnt das Autorennen.
		4	21:30	Domenic weist Brian zurecht.
3	Die Flucht	1	22:47	Die Polizei ist unterwegs und alle fliehen.
		2	23:58	Domenic wird von der Polizei verfolgt. Brian rettet ihn.
		3	26:42	Die Motorradgang von Johnny Tran taucht auf und zwingt Domenic und Brian mitzukommen.
4	Die Party	1	29:57	Domenic lädt Brian zu einer Party bei sich zuhause ein.
		2	34:54	Mia und Brian kommen sich näher
5	Brians wahre Identität	1	34:41	Brian wird von der Polizei angehalten und mitgenommen. Er wird als verdeckter Ermittler der Polizei gezeigt.
6	Annäherung	1	38:10	Brian bringt ein altes Auto als Wettschulden in Domenics Werkstatt. Domenic bietet ihm einen Job an.
		2	39:37	Jesse und Brian arbeiten zusammen an Brians Auto.
		3	40:56	Das Team trifft sich. Vince ist wütend, weil Brian da ist.
		4	43:12	Brian hilft Mia beim Abwasch.
7	Verdacht	1	44:57	Die Latinogang bestellt Autoteile bei Brian.
		2	45:57	Brian bricht in Hectors Garage ein, um Beweise für die Überfälle zu suchen. Er wird von Vince erwischt.
		3	47:57	Domenic befragt Brian über seine Motive.
		4	50:03	Das Team spioniert in der Garage von Johnny Tran.
8	FBI	1	53:34	Das FBI verlangt Ergebnisse von Brian, welcher versucht den Verdacht von Domenics Gang abzulenken.
9	Weitere Annäherung	1	55:23	Domenic und Brian unterhalten sich in der Werkstatt.
		2	58:38	Mia und Brian gehen essen.
		3	1:00:22	Mia rast mit Brians Auto und hat Spaß dabei.

		4	1:00:51	Mia schläft bei Brian. Das FBI plant die Festnahme Johnny Trans.
10	Vorbe-reitung/ Festnah-me	1	1:01:45	Johnny Tran und seine Gang werden festgenommen
		2	1:04:02	Das FBI muss Johnny Tran wieder freilassen. Sie drohen Brian Ergebnisse zu liefern.
		3	1:05:58	Brian fragt Domenic nach seinen illegalen Geschäften.
11	Das Wüsten-rennen	1	1:09:25	Jesse verliert beim Wüstenrennen gegen Johnny Tran, verwettet dabei das Auto seines Vaters und verschwindet. Johnny prügelt sich mit Domenic.
12	Der Überfall	1	1:15:22	Mia und Domenic streiten. Er fährt mit dem Team weg.
		2	1:16:22	Brian will das Team vor dem nächsten Überfall warnen.
		3	1:18:50	Domenic motiviert das Team zum letzten Überfall.
		4	1:20:17	Mia und Brian suchen gemeinsam das Team.
		5	1:20:43	Vince gerät beim versuchten Überfall in Lebensgefahr.
		6	1:25:30	Brian rettet Vince. Mia verschwindet mit dem Team.
13	Wie-dergutm achung	1	1:29:58	Johnny Tran tötet Jesse.
		2	1:31:57	Brian und Domenic verfolgen und töten Johnny Tran, um den Mord an Jesse zu rächen.
		3	1:35:27	Brian und Domenic fahren ein letztes Rennen. Brian gibt ihm sein Auto, um vor der Polizei zu fliehen.

Sequenzprotokoll: Spider-Man

Seqz. Nr.	Titel der Sequenz	Szenen Nr.	Zeit	Szeneninhalt
1	Einfüh-rung	1	3:08	Peter rennt einem Bus hinterher, der schließlich auf Bitte Mary Jane anhält. Er steigt ein und wird ausgelacht.
		2	4:37	Die Peters Schulklasse macht einen Ausflug.
		3	5:09	Harrys Vater bringt ihn zur Universität. Peter und Norman lernen sich kennen und verstehen sich gut
2	Der Biss	1	6:27	Peter wird bei der Führung von einer genmanipulierten Spinne gebissen.
		2	10:49	Norman Osborn versucht in seiner Firma das menschliche Potenzial zu manipulieren.
		3	12:33	Peterfühlt sich wegen dem Spinnenbiss krank.
		4	14:06	Peter beginnt die Auswirkungen des Bisses zu spüren.
3	Verände-rungen	1	14:55	Norman Osborn testet den entwickelten Stoff an sich selbst. Dies verleiht ihm übermenschliche Kräfte.

		2	17:46	Peter wacht auf und bemerkt die ersten Veränderungen.
		3	19:06	Peter spricht mit seiner Tante und Onkel.
4	Neue Kräfte	1	19:34	Peter beobachtet, wie MJ von ihrem Vater beleidigt wird.
		2	19:46	Peter stellt sich vor mit Mary Jane zu sprechen.
		3	20:53	Harry findet seinen Vater verwirrt auf dem Boden vor. Er erinnert sich nicht an seine neuen Kräfte.
		4	21:46	Peter entdeckt in der Schule seine neuen Fähigkeiten.
		5	23:28	MJs Freund will sich mit Peter prügeln. Peter besiegt ihn ohne Mühe.
		6	25:10	Peter beginnt zu lernen die Fähigkeiten zu kontrollieren.
5	Mary Jane	1	27:52	Peter und MJ unterhalten sich über ihre Träume.
		2	31:58	Peter will sich ein Auto zulegen, um Mary zu beeindrucken. Er meldet sich zu einem Wrestling Wettbewerb an.
		3	33:11	Peter trainiert seine Fähigkeiten. Norman beginnt die Nebenwirkungen der Selbstversuche zu spüren.
		4	34:14	Onkel Ben fährt Peter zur Bibliothek. Er möchte mit ihm über seine Veränderung sprechen.
6	Ein Kampf mit verheerenden Folgen	1	36:36	Peter geht zum Wrestling und gewinnt den Kampf.
		2	41:41	Peter wird um seinen Gewinn betrogen. Ein Räuber stiehlt den Gewinn und verschwindet. Peter greift nicht ein.
		3	43:06	Peters Onkel wurde bei der Flucht des Räubers angeschossen und stirbt im Beisein Peters.
		4	44:38	Peter verfolgt den Räuber.
		5	47:13	Peter kämpft mit dem Räuber und Mörder seines Onkels.
		6	49:23	Peter kommt zu seiner weinenden Tante nach Hause.
		7	49:49	Norman taucht als Green Goblin auf und zerstört die Erfindung einer konkurrierenden Firma.
7	Abschluss und Neubeginn	1	50:45	Peter macht seinen Schulabschluss.
		2	51:54	Peter und seine Tante kommen nach Hause.
		3	52:22	Peter weint in seinem Zimmer. Seine Tante tröstet ihn.
		4	53:58	Peter holt sein Spider-Man Kostüm und denkt an die Worte seines Onkels.
		5	54:25	Peter widmet sich dem Ausgleich von Ungerechtigkeit und erlangt damit die Aufmerksamkeit der Presse.
8	Neue Aufmerksamkeit	1	55:51	Ein Zeitungsverlag setzt eine Belohnung für ein Foto von Spider-Man aus.
		2	57:08	Peter trifft Mary Jane auf der Straße. Er erfährt, dass Sie und Harry ein Paar sind.

		3	59:14	Peter unterhält sich mit Harry in ihrer neuen Wohnung.
		4	1:00:47	Peter inszeniert selbst Fotos von sich als Spider-Man.
		5	1:01:16	Peter bringt die Fotos zur Redaktion der Zeitung und erhält dafür eine geringe Entschädigung.
9	Die Rache von Green Goblin	1	1:02:43	Der Vorstand von Oscorp verlangt Normans Rücktritt.
		2	1:04:19	Peter rettet Mary Jane vor Green Goblin.
		3	1:10:46	Peter und Harry sprechen über Harrys Beziehung zu MJ.
		4	1:12:10	Norman beginnt eine Stimme zu hören. Er erfährt, dass er die Vorstandsvorsitzenden von Oscorp umgebracht hat.
		5	1:14:17	Spider-Man wird von Green Goblin entführt.
		6	1:15:47	Green Goblin versucht Spider-Man zu überzeugen sich mit ihm zu verbünden.
10	Spider-Man bleibt sich treu	1	1:17:31	Die Medien beginnen sich gegen Spider-Man zu wenden.
		2	1:17:51	Peter redet mit Mary Jane.
		3	1:19:34	Spider-Man rettet Mary Jane vor ein paar Männern. Mary Jane bedankt sich bei ihm mit einem Kuss.
		4	1:21:56	Spider-Man ist im Einsatz. Green Goblin will ihn stoppen.
11	Peters Identität wird gelüftet	1	1:25:09	Norman, Harry, Peter, May und MJ feiern Thanksgiving.
		2	1:27:08	Norman findet heraus, dass Peter Spider-Man ist.
		3	1:29:55	Green Goblin schmiedet Pläne, um Peter zu vernichten.
12	Die Zerstörung Peters	1	1:30:38	Green Goblin taucht bei Tante May auf und verletzt sie.
		2	1:31:10	Peter sucht Tante May im Krankenhaus und erfährt, dass Green Goblin sie verletzt.
		3	1:31:44	Peter sitzt bei seiner Tante am Krankenbett.
		4	1:32:23	Mary Jane gesteht Peter, dass sie in Spider-Man verliebt ist. Peter zeigt ihr, dass er sie mag.
		5	1:35:49	Harry erzählt seinem Vater von Peters und Mary Janes Gefühlen füreinander. Dieser verspricht ihm Ungerechtigkeiten zu korrigieren.
		6	1:37:26	Tante May ermutigt Peter, MJ seine Liebe zu gestehen.
		7	1:38:55	Peter erfährt, dass Green Goblin MJ entführt hat.
		8	1:39:35	Showdown von Green Goblin und Spider-Man. Mary Jane ist in Gefahr. Spider-Man rettet alle und verletzt sich.
		9	1:45:28	Green Goblin und Spider-Man kämpfen. Green Goblin ergibt sich und enthüllt seine Identität als Norman.

		10	1:49:49	Spider-Man bringt Normans toten Körper nach Hause. Harry trifft ihn an und bedroht ihn mit einer Waffe.
13	Ende	1	1:50:23	Harry und Peter sind auf Normans Beerdigung. Harry schwört Spider-Man Rache.
		2	1:51:43	Peter steht am Grab seines Vaters. Mary Jane tröstet ihn. Sie gesteht ihm seine Liebe. Peter weist sie ab.
		3	1:55:17	Spider-Man schwingt durch Manhattan.

Sequenzprotokoll: Guardians of the Galaxy

Seqz. Nr.	**Titel der Sequenz**	**Szenen Nr.**	**Zeit**	**Szeneninhalt**
1	Kindheit	1	00:10	Erde 1988: Peters Mutter stirbt. Peter wird von Außerirdischen mitgenommen.
2	Der Orb	1	4:07	26 Jahre später: Peter ist auf der Suche nach dem Orb.
		2	7:56	Korath sucht im Auftrag Ronans den Orb. Kampf mit Peter.
		3	11:20	Yondu erfährt, dass Peter mit dem Orb fliehen will und setzt ein Kopfgeld auf ihn aus.
3	Einführung in die Welten	1	13:06	Ronan bringt einen Xandarianer um und bricht damit den Friedensvertrag.
		2	14:25	Ronan schickt Gamora, um den Orb von Peter zu stehlen.
		3	15:20	Rocket und Groot finden Peter und wollen das Kopfgeld.
4	Jagd um den Orb	1	16:37	Peter will den Orb dem Broker geben. Dieser lehnt ab als er hört, dass Ronan auch den Orb sucht.
		2	17:44	Gamora, Rocky und Groot jagen Peter und den Orb.
		3	21:08	Ronan hält sich nicht an den Friedensvertrag.
5	Gefängnis	1	21:43	Die Gruppe wird in ein Hochsicherheitsgefängnis gebracht.
		2	22:35	Die Gruppe wird ins Gefängnis gebracht.
		3	24:37	Alltag im Gefängnis.
		4	27:11	Gamora wird beschimpft.
		5	27:48	Gamora wird von Drax entführt. Peter überredet ihn sich mit ihnen zu verbünden, um sich an Ronan zu rechen.
		6	31:16	Die Gruppe plant gemeinsam auszubrechen.
6	Gegen-Seite	1	32:03	Ronan erfährt von Gamoras Plan ihn zu betrügen.
		2	32:29	Thanos droht Ronan mit dem Tod, falls er den Orb nicht findet.

7	Ausbruch	1	33:58	Die Gruppe plant ihren Ausbruch.
		2	35:21	Groot wird von Drohnen umzingelt. Der Kampf beginnt.
		3	37:05	Die Gruppe schafft es aus dem Gefängnis zu entkommen.
		4	42:50	Peter geht zurück, um seinen Walkman zu holen.
8	Missionen um den Orb	1	44:29	Die Gruppe hat Interessenkonflikte.
		2	46:22	Ronan kommt wegen Gamora und den Orb zum Gefängnis
		3	46:57	Yondu bedroht den Broker, um Informationen über den Orb zu bekommen.
		4	47:53	Der Collector spricht drohend mit seiner Bediensteten.
		5	48:23	Die Gruppe fliegt zu einem Käufer für den Orb.
		6	50:21	Groot, Drax und Rocket gehen zum Glücksspielen.
		7	50:52	Peter und Gamora kommen sich näher.
		8	53:32	Groot, Rocket und Drax fangen eine Schlägerei an.
		9	55:19	Der Collector erklärt der Gruppe was der Orb ist. Seine Bedienstete versucht ihn zu stehlen und löst damit eine Explosion aus. Drax kontaktiert Ronan und lockt ihn an.
		10	59:28	Gamora will den Orb zum NovaCorps zu bringen. Die Gruppe diskutiert darüber. Ronan und seine Truppe sowie Yondu tauchen auf. Gamora und Peter fliehen.
9	Konfrontation mit Ronan	1	1:01:00	Drax will sich Ronan stellen, um sich an ihm zu rächen. Die Gruppe hilft Gamora bei ihrer Flucht vor Ronan.
		2	1:06:06	Peter rettet Gamora. Er ruft Yondu um Hilfe.
		3	1:07:50	Gamora erfährt, dass der Orb weg ist.
10	Zusammenhalt	1	1:08:54	Groot rettet Drax. Rocket will verschwinden, wird aber überzeugt weiter die Gruppe zu unterstützen.
		2	1:11:02	Ronan erhält den Orb und plant seine Machtübernahme.
		3	1:12:29	Peter überredet Yondu mit ihm gegen Ronan zu kämpfen.
		4	1.15:28	Die Gruppe beschließt gemeinsam zu kämpfen.
		5	1:19:50	Die Gruppe bereiten sich auf den Kampf mit Ronan vor.
		6	1:22:15	Die Nova Prime stimmen ein der Gruppe zu helfen.
11	Angriff auf Ronan	1	1:23:03	Der Kampf beginnt.
		2	1:26:30	Ronan steuert auf Xandar zu, um ihn zu zerstören.
		3	1:26:50	Die Nova Corps hilft Ronans Raumschiff zurückzudrängen
		4	1:27:56	Die Gruppe dringt in Ronans Raumschiff ein.
		5	1:29:30	Yondu kämpft gegen Ronans Truppen.

		6	1:30:26	Nebula und Gamora kämpfen.
		7	1:30:55	Ronans beginnt Xandar anzugreifen.
		8	1:33:55	Ronan steuert mit Hilfe des Steins auf Xandar zu.
12	Sieg	1	1:35:06	Die Gruppe tritt Ronan gegenüber. Das Raumschiff beginnt abzustürzen. Groot beschütztz die Gruppe und stirbt.
		2	1:39:53	Die Gruppe schafft es Ronan zu bezwingen.
		3	1:44:57	Yondu will den Orb mitnehmen. Peter gibt ihm eine Fälschung.
		4	1:46:53	Rocket trauert um Groot. Drax tröstet ihn.
		5	1:47:35	Die Gruppe ist bei der Nova Corps. Diese bedankt sich.
		6	1:48:42	Die Nova Corps hat Peters Raumschiff rekonstruiert.
		7	1:49:58	Peter öffnet den Brief und das Geschenk seiner Mutter.
		8	1:51:42	Yondu entdeckt, dass er eine Fälschung des Orbs hat. Die Nova Prime schließt den Orb in einen Safe. Die Gruppe fliegt gemeinsam weg. Groot wird wieder lebendig.

Sequenzprotokoll: Tschick

Seqz. Nr.	Titel der Sequenz	Szenen Nr.	Zeit	Szeneninhalt
1	Rückblick	1	1:05	Eine Unfallszene: Maik ruft nach Tschick.
		2	2:08	Maik wird im Krankenwagen behandelt.
2	In der Schule	1	2:23	Maik erfährt von Tatjanas baldiger Geburtstagsparty.
		2	3:39	Maik liest in der Klasse einen Aufsatz vor.
		3	5:27	Der Lehrer nimmt Maik nach der Stunde aufgrund seines Aufsatzes zur Seite und schimpft mit ihm.
		4	6:21	Maik macht sich Gedanken darüber, was er Tatjana zum Geburtstag schenken kann.
		5	7:04	Maik malt als Geschenk ein Bild von Tatjana ab.
3	Der neue Schüler	1	7:46	Tschick kommt neu in die Klasse.
		2	9:29	Tschick schreibt im Mathe-Test eine Eins. Er übergibt sich vor der Klasse.
		3	10:20	Die Mitschüler*innen haben Angst vor Tschick.
		4	11:16	Maik bekommt ein Paket mit einer Jacke darin.
4	Keine Einla-dung	1	11:43	Maik und Tschick bekommen keine Einladung zum Geburtstag. Maik stellt sich vor, wie Tatjana ihn einlädt.
		2	13:28	Tschick will mit Maik sprechen. Dieser ist abweisend.
		3	14:13	Maik ist traurig, weil er keine Einladung erhalten hat.

5	Zuhause	1	14:51	Maik bemerkt, dass seine Mutter nicht zuhause ist.
		2	15:25	Maik fährt seine betrunkene Mutter mit dem Fahrrad heim.
		3	16:09	Maiks Mutter bricht zur Entzugsklinik auf.
		4	16:42	Maiks Vater geht in den Urlaub und lässt Maik alleine.
		5	17:29	Maiks findet heraus, dass sie eine Affäre mit seinem Vater hat. Er stellt sich vor, wie er die beiden erschießt.
6	Tschick	1	19:11	Tschick taucht mit einem gestohlenen Lada bei Maik auf.
		2	21:40	Tschick und Maik spielen Videospiele und reden.
		3	23:23	Maik zeigt Tschick seine Zeichnung von Tatjana.
		4	23:52	Maik und Tschick fahren zu Tatjanas Party.
		5	25:14	Maik gibt Tatjana das Bild.
7	Das Aben-teuer beginnt	1	27:37	Maik und Tschick beschließen in die Walachei zu fahren.
		2	28:10	Maik und Tschick fahren los und diskutieren.
		3	29:29	Wegen Nebel landen Maik und Tschick auf der Autobahn.
		4	31:06	Maik und Tschick versuchen älter auszusehen.
		5	31:40	Maik und Tschick diskutieren über den Weg nach Süden.
		6	32:58	Die Jungs müssen vor einem Bauern fliehen.
		7	37:14	Die beiden planen ihr weiteres Vorgehen.
		8	38:22	Es wird Nacht und Maik und Tschick schlagen ihr Lager auf.
		9	39:39	Sie werden von zwei Jugendlichen auf der Wiese entdeckt.
8	Preusitz	1	41:25	Die Jungs kommen auf der Suche nach Essen in ein Dorf.
		2	42:53	Die beiden sind bei einer Großfamilie zum Mittagessen.
		3	45:54	Tschick wird von einem Polizisten nach seinem Führerschein gefragt. Er fährt ohne Maik weg. Maik flüchtet.
		4	48:09	Nach zwei Tagen finden sich die beiden wieder.
		5	50:08	Sie planen Sprit aus einem anderen Auto abzuzapfen.
		6	52:36	Die Jungs suchen einen Schlauch.
9	Isa	1	51:22	Auf einer Mülldeponie treffen sie Isa.
		2	56:07	Die Jungs versuchen Benzin zu stehlen. Isa taucht auf und hilft ihnen.
		3	57:58	Maik und Tschick nehmen Isa im Auto mit.
		4	59:21	Die Gruppe bemerkt am nächsten Morgen, dass sie an einem See sind.
		5	1:01:03	Die drei waschen sich im See. Tschick will Essen besorgen.
		6	1:03:01	Isa fordert Maik auf ihr die Haare zu schneiden.
		7	1:04:11	Isa und Maik kommen sich näher. Tschick kommt zurück.
		8	1:05:52	Die drei fahren zu einer Ruine.
		9	1:08:06	Isa fährt mit einem Bus nach Prag. Sie küsst Maik.
10	Der	1	1:09:39	Die Jungs verstecken sich vor der Polizei.

	Anfang vom Ende	2	1:10:38	Die Jungs versuchen eine Brücke zu reparieren. Tschick verletzt sich am Fuß. Er verrät Maik, dass er schwul ist.
		3	1:13:58	Maik muss weiterfahren und fährt über die Brücke.
		4	1:15:12	Sie haben einen Unfall auf der Autobahn.
		5	1:16:40	Tschick flieht als die Polizei kommt.
11	Rückkehr mit Prozess	1	1:18:54	Maik wird im Krankenhaus von der Polizei befragt.
		2	1:19:37	Maiks Eltern kommen ins Krankenhaus.
		3	1:20:03	Maik muss vor Gericht. Er erzählt die Wahrheit, was seinen Vater wütend macht.
		4	1:21:08	Maik und seine Mutter verlassen das Gericht Arm in Arm. Maiks Vater schlägt ihn.
12	Neu-anfang	1	1:21:40	Maiks Vater zieht mit seiner neuen Freundin aus.
		2	1:22:10	Maik macht sich Gedanken über sein neues Leben.
		3	1:22:27	Maiks Mutter wirft betrunken die Sachen seines Vaters in den Pool. Maik hilft ihr und die beiden haben Spaß.
		4	1:23:49	Maik wird von der Polizei über Tschick ausgefragt.
		5	1:24:49	Maik kommt mit dem Polizeiauto in der Schule an.
		6	1:25:28	Tatjana will wissen wo Maik gewesen ist. Maik denkt nur an Tschick und Isa.
		7	1:26:38	Maik freut sich auf das Treffen mit Tschick und Isa.

MenschenArbeit. Freiburger Studien

Herausgegeben von Michael N. Ebertz, Werner Nickolai und Martin Becker

1: Jochen Hilpert, **Partizipative Jugendarbeit und Bürgerengagement.** Über die Praxis einer Theorie.
1996, 192 Seiten, € 16,36. ISBN 3-89649-038-9

2: Katrin Huber-Sheik, **Sozialer Brennpunkt**. Sozialstruktur und Sanierung in einem Freiburger Stadtteil.
1996, 148 Seiten, € 15,24. ISBN 3-89649-039-7

3: Norbert Scheiwe (Hrsg.), **Mit jungen Menschen auf dem Weg in die Zukunft**.
1996, 156 Seiten, € 15,24. ISBN 3-89649-040-0

4: Ausländerbeirat der Stadt Freiburg (Hrsg.), **Kinder sind Bürger einer Welt**. Interkulturelle Erziehung in einer Kindertagesstätte.
1997 (2. Auflage), 176 Seiten, € 15,24. ISBN 3-89649-041-9

5: André Paul Stöbener, **Die Pfegeversicherung**. (vergriffen)

6: Petra Hauser, **Zuflucht gefunden?** Die rechtliche und soziale Situation von unbegleiteten Flüchtlingskindern im deutsch-italienischen Vergleich.
1997, 184 Seiten, € 15,24. ISBN 3-89649-050-8

7: Matthias Linnenschmidt, **Arbeiten mit Menschen als Studien- und Berufswunsch.** Soziale Herkunft und Studienmotivation von BewerberInnen der Katholischen Fachhochschule Freiburg - Hochschule für Sozialwesen, Religionspädagogik und Pflege - Ergebnisse einer Erhebung.
1997, 96 Seiten, € 15,24. ISBN 3-89649-143-1

8: Annette Bukowski, **Benachteiligungen im Jugendstrafvollzug?** Ergebnisse qualitativer Interviews mit türkischen Insassen.
1997, 104 Seiten, € 15,24. ISBN 3-89649-254-3

9: Barbara Denz, **Auf dem Weg zur Gleichberechtigung.** Konzeptionsbildung für kommunale Gleichstellungsstellen, dargestellt am Beispiel der Kommunalen Stelle für Frauenfragen im Landkreis Waldshut.
1998, 108 Seiten, € 15,24. ISBN 3-89649-271-3

10: Michael N. Ebertz / Werner Nickolai unter Mitarb. von Heidrun Huber:
Mächtig - ohnmächtig. Jugendliche im ländlichen Raum. Eine empirische Exploration.
1999, 224 Seiten, € 20,20. ISBN 3-89649-367-1

11: Christoph Schneider, **Die Verstaatlichung des Leibes.** Das „Gesetz zur Verhütung erbkranken Nachwuchses“ und die Kirche. Eine Dokumentenanalyse.
2000, 330 Seiten, € 27,60. ISBN 3-89649-516-X

12: Patrick Hueter, **Die psychiatrische Versorgung in Theorie und Praxis in Deutschland und Italien im Vergleich - unter besonderer Berücksichtigung der sozialen Arbeit.**
2000. 188 Seiten, € 24,54. ISBN 3-89649-598-4

13: Barbara Schramkowski, **Interkulturelle Mediation**. Mediation als eine Methode des konstruktiven Umgangs mit Interkulturellen Konflikten in Städten mit hohem multikulturellen Bevölkerungsanteil. **(vergriffen)**

14: Ursula Geißner / Werner Nickolai (Hrsg.), **Inklusion - Exklusion.** Helfende Berufe im Schatten ihrer Geschichte.
2002, 144 Seiten, EUR 15,-. ISBN 3-89649-782-0

MenschenArbeit. Freiburger Studien

Herausgegeben von Michael N. Ebertz, Werner Nickolai und Martin Becker

15: Stefan Michel, **Qualitätsmanagement in der stationären Suchtbehandlung als Prozess organisationalen Lernens.**
2002, 152 Seiten, EUR 19,50. ISBN 3-89649-805-3

16: Karin Racke, **Berufspolitische Interessenorganisationen in der Sozialen Arbeit am Rande der Bedeutungslosigkeit**
dargestellt am Deutschen Berufsverband für Soziale Arbeit e. V. (DBSH).
2003, 174 Seiten, € 22,-. ISBN 3-89649-837-1

17: Michael Ganster, **Christlich spirituelle Inhalte in zeitgenössischer Popmusik am Beispiel Xavier Naidoos und ihre Rezeption bei Jugendlichen.**
2003, 154 Seiten, € 19,80. ISBN 3-89649-843-6

18: Simone Müller, **Anleitung im praktischen Studiensemester.** Ein Kernstück im Studium der Sozialen Arbeit.
2003, 166 Seiten, € 19,50. ISBN 3-89649-856-8

19: Manuel Fuchs, **Jugendarbeit und Schule in Kooperation.** Von der Ganztagsbetreuung zur Ganztagsbildung.
2005, 180 Seiten, € 19,80. ISBN 3-86628-013-0

20: Christian Biendl, **Jugendstrafvollzug in freier Form** am Beispiel des "Projekt Chance".
2005, 2007², 152 Seiten; € 18,00. ISBN 3-86628-019-X

21: Ralph Mackmull, **Der Mann und die Kirche - Eine Beziehung in der Krise?**
Von Gefahren und Chancen kirchlicher Männerarbeit.
2006, 170 Seiten, € 18,00. ISBN 3-86628-100-5

22: Edgar Kösler / Michael N. Ebertz / Erika Heusler (Hrsg.),
Arbeit an den Grenzen. Zur Professionalisierung von Sozial- und Gesundheitsberufen.
Eine Weg-Gabe für Christoph Steinebach.
2007, 232 Seiten, € 18,00. ISBN 3-86628-168-4

23: Thorsten Kleiner, **Frühe Bindungserfahrungen und ihre Auswirkung auf die Gestaltung von Peer-Beziehungen in Gruppentherapien** - Analyse einer Kinderpsychodrama-Gruppe.
2008, 232 Seiten, € 18,00. ISBN 3-86628-213-3

24: Michael N. Ebertz, Werner Nickolai, Renate Walter-Hamann (Hrsg.), **Opfer, Täter und Institutionen in der nationalsozialistischen Gesellschaft** — Blicke aus der Gegenwart.
2009, 186 Seiten, € 18,00. ISBN 3-86628-233-8

25: Nils Weiser, **Gymnasium in acht Jahren - Zeitgewinn durch Zeitverlust oder doch nur Frust?** Eine Befragung von Schülern über G8 und die Folgen.
2009, 184 Seiten, € 18,00. ISBN 3-86628-269-9

26: Christine Jung, **Schule und Jugendarbeit in Kooperation.**
Spannungen, Chancen und Grenzen.
2009, 350 Seiten, € 22,00. ISBN 3-86628-270-2

27: Felix Neumann, **Sozialstiftungen.**
Sozialstiftungen in Nähe und Distanz zum deutschen Sozialstaat.
2010, 120 Seiten, € 18,00. ISBN 3-86628-311-3

MenschenArbeit.   Freiburger Studien

Herausgegeben von Michael N. Ebertz, Werner Nickolai und Martin Becker

28: Anna Lucia Jocham, **Antiziganismus:**
Exklusionsrisiken von Sinti und Roma durch Stigmatisierung.
2010, 220 Seiten, € 18,00. ISBN 3-86628-313-X

29: Alexandra Dold, **Polizei und soziale Hilfe als soziale Systeme.**
Chancen und Grenzen der Koordination.
2010, 198 Seiten, € 18,00. ISBN 3-86628-335-0

30: Almut Herrenbrück, **Pflegende Söhne –** gängige Rollenmuster oder neue Lebensentwürfe?
2010, 140 Seiten, € 18,00. ISBN 3-86628-336-9

31: Jürgen Sehrig, **Befremden, Anerkennung und Selbsterkundung –**
Interviews zur Mitbeteiligung und Faszination im Nationalsozialismus
2013. 414 Seiten. €29,80 .ISBN3-86628-477-2

32: Werner Nickolai, Jürgen E. Schwab, **Anders als erwartet.** Was bleibt von einer deutsch-polnischen Jugendbegegnung zwischen Geschichte und Gegenwart.
2014. 142 Seiten. € 18,00. ISBN 3-86628-517-5

33: Martin Becker, **GWA-Personalbemessung.** Orientierungshilfe zur Personalbemessung professioneller Sozialer Arbeit im Handlungsfeld der Stadtteil- und Quartierentwicklung.
2016. 360 Seiten. € 29,80. ISBN 978-3-86628-576-7

34: Julia Frank, Gerald Greschel, **Vom Stigma zum Eingriff.** Erziehungsalltag im Erzbischöflichen Kinderheim St. Anton in Riegel zur Zeit des Nationalsozialismus.
2016. 160 Seiten. € 18,00. ISBN 978-3-86628-578-1.

35: Werner Nickolai, Jürgen E. Schwab,
Partner in ähnlicher Mission? Polizei und Soziale Arbeit. Eine empirische Feldstudie zu Fremd- und Selbstbildern in der Kooperation der Berufsgruppen.
2017, 156 Seiten, € 18,00. ISBN 978-3-86628-604-7

36: Dominic Mann, Annette Bukowski, Werner Nickolai
Vom Runden Tisch gegen Ausländerfeindlichkeit zum Runden Tisch für Mitmenschlichkeit. Die Geschichte des Runden Tisches in Breisach.
2018, 238 Seiten, 18,00 € ISBN 978-3-86628-622-1.

37: Solveig Roscher, **Ungleichverteilung als soziales Problem.**
Frauen in Führungspositionen in börsennotierten Unternehmen.
2019, 106 Seiten, 18,00 € ISBN 978-3-86628-654-2.

38: Erika Adam und Stephanie Bohlen (Hrsg.), **Autonomie und Gerechtigkeit als Illusion?**
Beiträge zu einer mehrdimensionalen Ethik aus zehn Jahren M.A. Angewandte Ethik.
2019. 332 Seiten, € 34,80. ISBN 978-3-86628-617-7

39: Lilith Hildebrand, **Ressource Spiritualität?**
Empirische Erkenntnisse aus der Arbeit mit trauernden Menschen.
2020, 94 Seiten, € 19,90. ISBN 978-3-86628-672-6

40: Leonie Bayer, **Pro-Aging statt Anti-Aging.**
Eine empirische Arbeit zu einer differenzierten Seniorenpastoral der Zukunft.
2021, 140 Seiten, € 24,80. ISBN 978-3-86628-704-4

Hartung-Gorre Verlag D-78465 Konstanz / Tel.: +49 (0) 7533 97227
http://www.hartung-gorre.de // eMail: verlag@hartung-gorre.de

Menschen Arbeit. Freiburger Studien

Herausgegeben von Michael N. Ebertz, Werner Nickolai und Martin Becker